关系陷阱

洪培芸 —— 著

浙江人民出版社

推荐序一

打破人际剥削的共生状态

◎ 张国洋

人世间最难的课题，恐怕就是如何搞好人际关系这件事了。

无论同事、恋人、朋友，甚至在亲子或与其他家人之间，关系的经营都是很多人一辈子的痛。每个人都希望自己是好人，也希望周围的人都好，但很多时候，却不知不觉地走上了剥削别人，甚或是自我剥削的路。

什么是人际剥削呢？培芸心理师在书中有这么一段定义：“在人际关系中，以通过不公平的方式，让人感到不愉快，甚至是用残忍的方式压榨对方，而达到自己的目的。”

看到这里，你心里想着的或许是某个性格很差的主管，或是某个难搞的客户吧？

当然，这类人很可能在心理上完全不在乎我们，也能用力地剥削我们。但其实人际剥削这个议题让人不解的是：有时候剥削并不是出自当事人恶意的念头，也未必是无关系的外人干的，因为恶意的剥削，你我很容易察觉，外人的剥削我们也能一目了然。只要两者之间没有权力的不对等，或是我们没有有求于对方，很多时候我们是可以轻易地拒绝的。

但真正麻烦的剥削状态，在于亲人之间。比方说，兄弟姐妹、自己的另一半，或是父母乃至公婆或岳父岳母之类。他们以“这是为你好”为起手式，硬要我们配合一些看起来似乎合理，但是可能得忍耐或是妥协的要求。

再者，我们常常会认为，吃过苦的人更能体贴别人，但真相刚好相反。你若仔细观察，就会发现人际剥削常常是持续地传承。年轻时饱受欺压的媳妇，一旦当了婆婆，也会变得挑剔和难以相处。然而，当事人自己是不觉得的，甚至对方可能努力想当一个好人，外显的形象也是好人，甚至自己觉得自己就是好婆婆，但还是会“不自觉”地提出一些不合理的要求。她们觉得：我当年也是这样啊，为何现在的你就做不到呢？我当年的忍耐造就了现在的我，所以“为了你好”或“为了家人好”，我理所当然地要求你在烹饪、打扫卫生等各方面都要做得更好、做得更满。

培芸写得好。她在书中写道：“父母曾经是受伤的孩子，婆婆也曾经是受委屈的媳妇。”人际剥削变成了一种共同经验，代代相传。

你会发现，很多家庭正在不断地复制：夫妻关系不顺利就压迫亲子关系。孩子长大了，又变成了不良的妻子或是丈夫。他们在关系中感受到不快乐，又无意识地把压力压往更弱的一环。这更弱的可能是儿媳妇，也可能是儿子，甚至可能是女儿。于是家庭复制，一代传给一代。这是很可怕的状况呀！因为放眼望去，人人心里都有不满，却始终无法打破；甚至自己不知不觉，只是无意识地往下欺压。

我觉得本书很值得一读。因为我们如果能在某个环节中打破这个持续的复制，就能让不快乐终止，也可以不再让下一代继承这些不快乐。

可是要打破，你必须知道问题的关键所在。你尤其必须知道怎么建立属于你自己的优越感。培芸写道："在人际关系里，为什么会时不时出现剥削？因为人人都有获得优越感、控制感的欲望，因为人人都有对失去归属感、安全感或依靠的恐惧。剥削与被剥削，从来都是相辅相成，一体两面的。"

换言之，剥削是一种共生关系。没有自我优越感的人，会想依靠控制他人来取得；同样的，没有优越感的人，也可能想通过让别人依赖自己以及讨好别人（看到别人开心）来获取。然而，这样获得的自我优越感并不牢靠。所以，我们得学会怎样才能真正地实现自我肯定，怎样才能发自内心地获得充实，从此不再欺压别人，也不再仰赖或讨好别人。

所以，若能深刻地了解自己的不足，并学会如何填满空洞，我们就能成为独立又自尊的人，不让剥削的状态传承下去。随着持续的努力，最后，总有一个时期，你我的周围，人人都能活得更健康和自在，每个人在心理上都能真正地获得独立和自主。

推荐序二

十八个月的观察视角

◎ 谢文宪

一年半前，我与本书作者洪培芸相识于一堂写作课。一如往常，看着每位学员的博客文章，从标题、结构、切入角度到人物描写等，我仔细地提出粗浅的建议。

原先，我们并不熟，但就在上课当天，培芸独特的气质深深吸引了我。她静静地聆听讲课，积极参与小组讨论，时而微笑，时而沉思。我很清楚写作是难教的，出书是难教的，大红更是求之不得。一个班级二十余人，最后能够出书的同学屈指可数。不过，培芸都做到了。

有两次我在担任新书推荐人的朋友新书发布会上遇见她。她依然静静地坐在席间。发布会结束时，她都过来跟我打招呼。我关心地问她："下一本就是你咯！"

她微笑着，眼神中透露着自信。

我知道她一定做得到，那是我独特的敏锐度，因为我在其他场合都不会遇见她，唯独在朋友的新书发布会上可以。

“写作，是自我疗愈的过程”，对她、对我都是。

没多久，她的博客文章犹如浪潮般席卷而来。每每看了，总是触动我的内心。我几乎天天看她的 IG[1]（她可能都不知道）。一年多来，我持续地看她的文章，更持续看她健身、练瑜伽（人美，身材好）。

没多久，她收到了专栏写作的邀约。一段时间后，她就拿到了新书的出版合约。

一切看似平凡，但其中的辛酸和如今甜美的果实，非人人所知。我想谈三件事：

1. 生命历程：别看她年纪轻轻，我相信任何杰出的写作者，都拥有丰沛的生命厚度和人生历练。她曾走过低谷，很开心如今她能迎来阳光。

2. 写作纪律：我最能证明她一路走来的历程。她将做心理咨

---

1 Instagram，一款在移动端上运行的社交应用，以快速、美妙和有趣的方式来分享抓拍的图片。

询时的实例经过转换，用她独特的视角、精准的观察角度，持续锻炼写作能力，完成如今的大作，非常值得一读。

3．故事案例在前，“临床心理师的处方笺”在后：先说案例，再说道理，篇篇直指人心。贴近人的感性故事，配上理性的专业论述，每一篇都让我觉得，文章中的主角我都认识。我想，这就是共鸣吧！

我花了三天的空余时间看完全稿。培芸的写作方式让我大为惊讶，忝为她的老师，我真心感到骄傲。尤其我长期撰写职场专栏，对于《职场里的人际剥削》诸多篇章，更有所感。

看着书中一个又一个的案例，我觉得这些男、女主角，不都时常出现在我的身边吗？有时好笑，有时又感觉悲哀。

培芸做到我所做不到的写作领域是：用心理咨询师的专业视角，去看待这些人际剥削的议题。本书非常值得一读。

诚挚地推荐给大家。看她的书，很疗愈！

自序

眼泪不只意味着悲伤

从磨难中，磨出蜕变的力量；从伤痛中，看见属于你的风华

我是一位临床心理师。是女儿，是妹妹，是小姑，是许多人的朋友，也曾经拥有妻子、媳妇的身份。工作十年，地点从精神专科医院，走到了社区，还有学校。所有来求助的人的痛苦，都出自人际关系中的盘根错节，也就是“被人剥削”。这些故事我听得太多了，而有些情节，我还参与过，亲身体验过。那些流淌过的眼泪都很苦，也很咸。

“只要你生小孩，男人就会成长，就能学会负责。”

“如果不是你这么没用，我怎么会这么辛苦？你们家就只会空口白话一张嘴，自以为是好人。”

“因为你没有生小孩，婚姻才会出问题；因为你没有给他洗衣

服，他才会有外遇。”

“若不是为你好，我才懒得说这么多。你真是身在福中不知福。”

以上对话源自何人之口，并不重要。因为许多人听过，耳熟能详，甚至还不时遇到，无处可逃。

许多人找我谈心事，无论是职场领域，还是生活领域，我总是收到无数的求助信号。亲子教养、父母偏心、情侣变心、暧昧外遇、夫妻失和、婆媳角力、职场钩心斗角……数不尽的题材。人人都有困扰，谁能没有烦恼？差别只在于各人端上来的菜，究竟是哪一道。

朋友们对我说，与你聊心事真好。一是专业，二是不收费，三是保密，四是有效。前面三点，我觉得第二点才是重点。最后一点，那是因为，当你看过太多的人生剧本，就会明白多数的人生苦难其实是换汤不换药。有些是自己找的麻烦，自己紧守不放的执念，有些则是来自别人的得寸进尺，别人的软土深掘。而最为常见的则是互为因果，两相加乘，“剥削”与“被剥削”变成了死结。

在我人生最低潮的那一年，与很多人一样，曾有过不想活的念头，我在心中死过了无数回。

受重伤后的每个瞬间，我都有机会变成一条毒蛇，去反击这些在人际关系中剥削我、伤害我的人。但是我没有，即使很痛，即使很难过。

不是因为我修养好，更不是因为我神经大条，而是因为我深深地知道，剥削别人不会有好的结果。

剥削别人，可以转移心中的痛楚，图得一时之痛快，可是从长远来看，只是把“受害者”这个角色演得称职又熟练，然后把悲剧活成了我的一生。

学习和成长，终止人际剥削；拥有人生主导权，你的人生就会有新解

我做了什么呢？我看见我内心的软弱。我承认我在意，也畏惧社会的眼光，还有未知的一切，没有人可以给我保证。所以，我要自己持续进修、跨界学习，还有成长，因为现有的资源不足以去克服它。

克服什么呢？受重伤以后，内心的愤怒和委屈必须有出口，所以要克服“想要剥削别人的冲动”；还有，要克服这种心理：如果我选择了听天由命、隐忍，并且随波逐流，是因为“内心的脆弱和软弱”。

不要站在原地哭泣，哪怕泪水止不住流淌，也要努力前进

这句话，是我的人生座右铭。

我看到无数的咨询者伤心流泪，他们在关系里遍体鳞伤。我知道改变很难，我也知道，成长很辛苦，它从来不会轻松甜美，更无法一步到位。

可是，我也时常想，我活了这么多年，过去的经验都在告诉我——只要是开始，就永远不晚，滴水穿石，还有量变导致质变的智慧，为什么不能用在我现在面临的难关？为什么不能用来打造接下来的人生呢？更何况人们的寿命越来越长了，你很有可能长命百岁。你还要忍耐多少年？

愿我们只是辛苦一阵子，而不是痛苦一辈子

人生充满奥秘，生命本身充满了无限的可能性。在许多细微的环节里，你都有选择的机会，有刹车的空间。但是，若是站在原地，持续地怨天尤人，你就只会停在原点，持续地被人剥削，甚至进而剥削别人。

如果我当年选择的是怨叹老天不公，想要报复泄恨，持续自怨自怜，而不是看到每一个剥削别人的人，都有他的故事和心路

历程（甚至有好的部分），我也不会拥有写作本书的机会。

我们终其一生都活在人际关系里

好的人际关系，是礼物；不好的人际关系，是毒药

我想跟大家分享的是，许多在人际关系里剥削别人的人，都有自己的思维盲点。同时，他们往往有过糟糕的人生经历。只要学着分析、辨识及应对剥削你的人，你的人生就有进化的可能。

我的经验并不独特，我受伤时也很痛。所有流过的眼泪，都成了我对人生最深刻的体会。

我没有天赋异禀，但我相信，每个人都蕴藏着极大的潜能，持续挖掘，就能跨越。

希望我们能一起成长和蜕变。二十年后，当你回顾人生，你会感谢自己当年做了正确的决定，为自己的人生开创了新局面，使之进化到了更好的版本。

目录

第五章 爱情里的人际剥削

不断退让，对方不会感激，只会吞噬我们的自尊

引语

关于人际剥削的八个提问

人生的幸福或痛苦，都与人有关，因为我们一生都活在关系里，而痛苦，就来自人际关系中的“剥削”。差别只在于，你是被剥削的人，还是剥削别人的人。但是无论被剥削，还是剥削别人，最终都一样——个个是输家，没有人是赢家。

请看，被剥削者情绪低落，甚至忧郁，对自己有着强烈且负面的评价，对生活没有热情，对人生，对未来，感到绝望，甚至染上不良之习，以逃避来作为情绪宣泄。

而长期剥削别人的人，并没有活得更好：身边的人陆续远离（无论是直接逃离，还是远远地拉开心理距离）。他不是孤芳自赏、曲高和寡，而是待在自己亲手建筑的牢笼内，懊悔在心中盘旋，绝望的呐喊只有自己听得到。

我们都在意他者的眼光，在意别人对我们的评价。我们都希望被接纳，都希望能安身立命，能有一个自在并且安心的避风港。然而，生命中最大的风暴，往往出现在家里；最痛苦的剧情，往往都是人情，是亲情、爱情、友情或各种场合里的情感羁绊和人际关系。

当痛苦无法摆脱时，每个人都好想逃跑，逃到另一段关系里，逃到天涯海角。然而，我们却像蜗牛，背着同一个“壳”，去往另一个地方。壳里面的风暴会在下一个地方继续上演，甚至掀起更大的惊涛骇浪，变成另一个想逃离的地方。反复着，循环着，最后让我们过着纠结的一生。

说实话，关系里的问题无所遁逃，也无须遁逃。只要愿意面对，持续学习，选择正确的方法，我们一定能够找到可以调整的地方，让这段关系逐渐变得舒适和安稳，让此地成为你想回去的家。只是我们都有着思维上的盲点，还有情感上的纠结。

什么是思维上的盲点？例如，无效的信念、过时的观点。而什么是情绪上的纠结？例如，高涨的愤怒、过度的恐惧和担忧。

思维盲点让我们用错了方法，情绪限制了内在的能量，所以几次尝试失败之后，负面经验就织成了密密的网，让我们不再尝试，放弃努力，自我束缚，也扼杀了关系变好的可能性。

那么，人际剥削到底是什么？它是怎么产生的？又是如何产生作用的？常见于哪些人？长此以往会有怎样的结果？有避免和改善的可能吗？

关于人际剥削的八个提问：

一、什么是人际剥削？

人际剥削（Interpersonal Exploitation）的起源是，当一个人无法处理个人内在的问题，例如贫乏、空洞、自我中心、自卑、低自尊、自我效能感低落、自我价值感薄弱、负向自我形象、负向情绪，乃至于不完整的自我，因而在人际关系中，以通过不公平的方式，让他人感到不愉快，甚至是用残忍的方式压榨对方，从而达到自己的目的。

人际剥削的目的是什么呢？就是符合自己心中的价值，补偿自己内在的空虚，转移自身问题的焦点，以获得暂时性的情绪缓解，或者借此拥有对于生活和人生的掌控感。

人际剥削的方式，不一定是直接的威逼、恐吓或要挟，更多的时候，反而是间接的，甚至是变形的，或是反向的。

例如作为“弱者”，因为弱者往往最能站得住脚。弱，可以获得他人的同情和包容；弱，表面看来是弱势，实际上则是剥削的行为，并且让剥削行为产生合理性。示弱的人深信，我就是这么可怜脆弱，我就是如此善良柔弱，而其行为背后真正的动机、起源和脉络，则难以厘清。

旁人看不穿，自己看不清，所以也就更难走向改变这条路，让人际关系里因剥削造成的所有痛苦，最终成为互为因果的恶性循环。

二、为什么会出现人际剥削？

因为我们都有着因为原生家庭而产生的一些难题，我们在日复一日的生活中碰碰撞撞，持续积累着负面情绪。

这大至生命课题，小到日常生活中的摩擦和碰撞，都在持续不断地侵蚀着我们的心理健康。有些是我们的心理状态，有些是负面情绪。它们必须得有出口，让心理状态现身，让情绪流淌出来。而人际剥削，就是它们现身和流淌出来的方式以及手段。

三、如何辨识人际剥削？

辨识，以你的感受作为起点。感性是与生俱来的，当你在主观感受上出现不舒适、难受，甚至已经感到痛苦难挨时，便是出现提醒的信号了。然而，我们往往忽视不理、压抑，甚至自以为能够驾驭。同时，抱怨也是一个辨识的参考点。

四、人际剥削为什么难以辨识？

因为人人都想做“好人”，而且我们的文化也是如此鼓励着我们的。这实际上是对所谓好女人、好男人，有着各式各样的要求和标准。

然而，“好”错了吗？非也！“好”没有错，错就错在这里的“好”是浮滥的好，是自以为正义、自以为良善的好，不讲原则，也没有洞见。

为了持续地当一个自以为是的好人，无论是在同一温层里取暖，还是为了符合社会文化和传统的价值观，我们都会躲在假象里面，持续保持良好的自我感觉，并认为自己所有的付出，包括痛苦、委屈和牺牲，有着忍辱负重的崇高使命，有着顾全大局的光辉，并振振有词地声称："我身边的人都是这么做的，社会上的多数人也是这样过来的。"

但是别忘了，其他人、多数人选择的方式，多半是随波逐流；获得的结果，就是"不满意"；拥有的感受，都是"不好受"。此外，人际剥削之所以难以辨识的另一个原因，就是"骄傲"。在这里，我要特别提醒的是，"弱者"心中的骄傲。

强者的骄傲，我们能够理解。真正难以辨识的是弱者心中的骄傲。其实，骄傲正是否认问题的根源。越是骄傲，越会否认问题。对于自己持续但却有毒的行为模式，自己对他人的错误理解和诠释，更加固执，并且坚信不移。

弱者心中的骄傲，多半难以被看到，包括他们自己。因为他们表现出来的是哀伤、委屈和可怜，这非常违反人们的直觉。人们常常无法理解弱与骄傲是怎么画上等号的，是怎么成为天平的同一边的。

五、人际剥削最容易发生在哪些人身上？

内在空洞贫乏、内在自卑、无能感、低自尊、低自我效能感、低自我价值感、负面自我形象……有着各式各样负面情绪的人，乃至于拥有不完整的自我的人，最容易发生人际剥削。因为它是一个循环的历程，原初关系里的压抑和困难，往往会被带到后续的关系里。

六、最容易人际剥削他人的是哪些人？

往往是不愿意面对自己的人。无论是剥削别人的人，还是被剥削的人，都有不愿意面对自己的一面。

这是一切的起点。我们要清楚地辨识出关系里所有可能的既得利益。也就是说，如果没有好处，那么恶性循环的关系也是无法维持的。

例如，那些在关系里忍气吞声，且离开职场多年的人：若要他们离开关系，可能就会面临经济上的难题；待在关系里，就不用面对重新进入职场的考验，承受不确定性的折腾和不安，还有生活质量变动的风险。“既得利益”是人人都不愿意承认的，然而只有看见并承认，才能终止恶性循环，找到突破点。

擅长剥削他人的人，通常有着明显的“以自我为中心”的倾向。为了模糊自身问题的焦点，为了转移注意力，为了填满内在的空虚，让痛苦高涨的情绪能够得到暂时的缓解，或者借此拥有对生活的掌控感。

通过剥削，让别人退让、配合，甚至妥协，以满足自己的需要。他们的逻辑是：我的需要，比你的更重要；我的想法，比你的更王道。

而最容易被剥削的人，具有明显的低自尊、低自我效能感和低自我价值感。他们中的一部分人是不相信自己的，不相信自己的判断，不相信自己的能力，不相信自己的感受，甚至不相信自己的存在价值。

另一部分人则是过于恐惧。别小看“恐惧”这两个字，恐惧是我们一生都要对抗的课题。尽管恐惧的内容有一大部分是自己想象出来的，但恐惧仍会让我们降低自信，丧失能量，有时甚至连尝试都不敢，就直接举起了投降的白旗。

人际关系是持续变化、彼此交互、非常复杂的系统。而上述心理状态和特质，是每个人都会有的，只是维度不同，或多或少。在不同的关系里，每个人的表现也会各有不同。

七、一个长久被人际剥削的人，会变得如何？

每一个崩坏的人，都是从正常人开始的。被剥削的人，刚开始时还能维持社会功能，能够工作，能够处理各种人际关系，能够维持正常的生活。但是久而久之，心理状态和人格会扭曲，就像毒素流淌在血液里面，远观不明显，但是细节却逐渐彰显，陆续现身。

你会觉得，他变得怪怪的，但是怪在哪里又说不上来。例如，想法偏激、情绪不稳、行为失控，这些都是从程度轻微逐渐变得程度剧烈，从只有一点点到影响全面。然后，他们可能会在其他关系里去剥削别人，更可能出现身心症状，例如忧郁、焦虑、睡眠障碍等，甚至出现伤害自己的举止，例如尝试自杀；还有伤害别人的行为，可能是精神暴力，也可能是肢体攻击。

八、我们该如何应对人际剥削？

如何应对人际剥削？最关键，就是愿意面对。愿意面对，才是变好的起点，也唯有愿意面对，才是解决问题的关键。同时，本书中的各种心理师处方笺，才有被用在关系里的可能。

面对什么呢？就是“自己”。辨识出属于自己的问题，接着是承认自己的问题，担起自己必须改变的责任，接下来还有成长的责任。

应对方法，化为具体步骤是：

1. 感受先行

你必须学习“了解自我情绪”，也就是情绪觉察、情绪辨识、情绪理解。

情绪觉察，就是你感受到被剥削了，例如被羞辱、被贬抑、被软土深掘、被得寸进尺等，从而感到生气、委屈、焦虑、忧郁等相关情绪。简言之，觉察，就是发现自己“有”不舒服的相关情绪。

情绪辨识，则是进一步分辨不舒服的情绪到底属于哪一种情绪：是焦虑还是忧郁，是生气还是委屈，还是都有？

情绪理解，则是更进一步去分析引起上述情绪的相关线索，对象、时间、环境，以及自己当下的状态。

2. 及时处理，永远不拖

关系里的剥削和痛苦，往往是日积月累，直到无力回天。而到了定型的那一天，就是已陷入恶性循环，因为百废待举，想要改变，更是难上加难。

所以，要化为具体行动，要及早设立界限，清楚自己的底线。该说的，该拒绝的，该表态的，无须客气多礼，或者不好意思。

因为“不好意思”所反映出来的，正是自己的内在问题：例如自卑、自我价值感低落……然后你会发现，问题又回到了原点，即不完整的自我，让人际剥削得以成立，并且持续运作，让你痛苦不已。

我们都希望过好自己的一生，而人际关系又是让我们对人生满意与否的关键，所以在关系里，要学着不被人剥削或者剥削别人。

拥有人生主导权，你才能过上你想要的人生，而不是复制前人的版本，最后哀叹过完这一生。我们要成为人生真正的赢家。

痛苦抑或幸福，懊悔抑或满足，都由我们自己来承受，或由我们自己去享受。幸福始于自我的完整，还有人际关系的圆满，只是这些从来都无法一步到位。但是，只要愿意面对，学会改变，过好这一生就绝对有可能，而且这才是“你真心想要的人生”。

为什么在婚姻中，退让的总是你?

为什么总是妈妈接学校老师的电话？爸爸呢?

为什么不敢结束痛苦的婚姻

自动化“玩笑”：“我老婆现在的大腿，是当年的腰围……”

过度依赖：“他是我老公，这些不都是应该的吗？！”

别做婚姻中的“好人”：你的退让，是婚姻崩溃的主因

找出思考盲点：你的婚姻，不只有一种可能

我们因软弱而抢着当好人，却将另一半塑造成了坏人

克服欲望和恐惧，是我们必须修炼的两件事

婚姻真的只能这样了吗?

第一章

婚姻里的人际剥削

没有原则，你的善良一文不值

为什么在婚姻中，退让的总是你？

没有原则，你的善良一文不值。

终结人际剥削，你该搞懂心理界限。

“家庭开销、经济重担，全部压在我一个人身上啊！”她仿佛忍耐、压抑了许久，眼泪瞬间溃堤。

“怎么了呢？”我的语气有些担心。

“一开始，他说自己是怀才不遇，待在这家公司有志难伸，燕雀哪知鸿鹄之志，与同事也处不好。跟我商量以后，我体谅他辛苦，也支持他的决定，希望他能过得开心，他提出了辞呈。他认真找过工作，时间大约半年，也面试过几回，但没有一家公司令他满意。

“待在家里久了，可能也舒服惯了，不用早起赶着上班，没有工作带来的责任、挑战、压力和困难，更不用加班和出差。但接着，更是夸张，他开始整天玩游戏，每天睡到中午才起床。

“原本我们跟公婆同住，后来他爸妈也看不下去了，把他赶出来，要他振作起来，谁知道他还是一如既往。为了节省开销，毕竟房租是一大笔开支，所以搬到了我娘家，也就是现在我们住的地方。”

她一脸倦容，眼眶泛红，语气尽是心酸、委屈又无奈，以及不敢对人言的羞愤，因为这不仅是家务事，更是不愿外扬的家丑。

“我不敢讲。我怎么敢讲？我怎么好意思让别人知道，我老公三年不工作，在家当米虫，茶来伸手，饭来张口，还对我颐指气使，甚至批评和指责。”

是啊，明明家里开销都靠她，最后还得靠她娘家。

“现在，他还怪罪我，为什么当初没有阻止他辞职，害得他现在想重回职场，却是雪上加霜、难上加难。”

义正词严，理直气壮，话倒是让他一个人说完了。

如此寻常的故事，你是否听朋友们说起过？又或者在外面等候搭车、用餐吃饭，甚至剪发洗头时，听到隔壁的人抱怨和哭诉呢？

到底是从哪一个时间节点或环节开始改变的呢，先生的得寸进尺，以及无理不饶人？

我看到的是，出发点良善的太太，一开始的好意体贴、支持谅解，发展到了持续包容、无条件地等候，底线一而再、再而三地往下降。

一步退，步步退；一步让，步步让。

经济重担和生活磨难让现在的她，如在火中烧，内心皆是苦恼和煎熬。

以上的案例，在咨询室里不曾少过，让我想起了顺从与心理界限的议题。

在社会心理学里有一个知名的概念，叫作“脚在门槛内策略”（foot in the door technique）。是弗里德曼（Freedman）和佛瑞赛（Fraser）在一九六六年提出来的，也有人称之为“插足入门术”或“得寸进尺效应”。

它的大意是，一开始只是提出一个小要求，等到对方答应，再提出一个有关联，但是难度或门槛更高的要求。于是，后续这个“更困难的要求”被对方接受的机会就会提升，亦即让对方更可能顺从后续提出的（变态）要求。

◎ 为何你无法拒绝越来越过分的要求?

为什么会这样呢?一般而言,人们会拒绝难以达成,或是违反本身意愿的要求。

然而,如果一开始不好意思说“不”,就顺从了这个“看似”小小的要求。一旦同意并接受这项要求之后,就会让自己与这项要求之间产生一致性的关联,例如相关的态度、自我概念以及知觉。

如果后来拒绝了更大而且相关的要求,就会出现认知失调,感到自我形象在过去与现在不一致的问题。

例如,我以前是一个热心助人的好好先生,现在怎么会去拒绝别人的哀求呢?心中那一股想要恢复一致性的潜在动力,就会使得一个人埋头继续做(撑)下去,以至于答应、配合、付出或退让更多。

◎ 人际关系中,大部分人不会感恩你不请自来的善良

在感情关系里的互动模式,是不是也常有这样的状况呢?

无论是家务分配、经济支出、资产配置、生儿育女与否,以及教养方式和态度、彼此原生家庭的照顾与分工合作等,都

是沟通、说服和协调的过程。

如果两个人能够事事意见一致，自然是天下太平，再好不过。然而，人生不是童话，现实和真相是：在进入长期关系之后，考验和挑战会一关一关接踵而来。

以家务分配为例，一开始说好你拖地，我晾衣服；你洗碗，我倒垃圾。然而，当其中一方闲散（发懒）了，接手的人一开始觉得基于爱和体贴，为了心中的好先生/好太太形象以及自我认知，就全包了。

岂料，久而久之，人家说“戏棚下站久了就是你的”，结果连家务也是做久了也是我的。

另一半感恩的心呢？咦！没有。

眷恋的眼神呢？更是找不到。

只有自己满腔的积怨，还有堆得老高、有待清洗的油腻碗盘。

又或者原本不打算生小孩，无论是哪一方，屈于社会压力或亲情包袱而生了小孩，等到第一胎出生，以为对得起列祖列宗和双方高堂之后，才发现是一条不归路。

开始被频频追问、催逼，“何时生第二胎呀？”如果第一胎是女生，“要不要再拼个男孩？”反之亦然。

总之，要凑成一个“好”字。

你以为凑成一个“好”字就西线无战事了吗？不，还可以进阶为好几个“好”字！反正好媳妇、好老公的形象已经建立，如果拒绝了，似乎有违最初的良好和孝顺形象，更会让长辈们感叹及失望，所以又继续接单生产了。

◎ 最可怕的得寸进尺，是对“自我”的退让

很多时候，我们总认为是别人太嚣张、太跋扈，太盛气凌人，以至于让我们挨了无数根闷棍，吃了许多闷亏，一切皆因别人的得寸进尺和软土深掘。

但是，如果在自己的内心深处仔细梳理，其实是我们对于“自我”的让步，让对方见缝插针、有机可乘，甚至进入一个难以扭转、长期屈于劣势的局面。

探及这背后的心理状态和原因，可能是害怕被对方讨厌，失去对方的认同、肯定、欣赏，甚至疼爱，所以不去正视和深思自己真正想要的生活是什么，还有自己不想拥有的人生又是什么。

▶ 临床心理师的处方笺——

学着换位思考。

1. 另一个人的要求

同一件事情，同一个要求，如果换成另外一个人来要求你、拜托你、胁迫你或是勒索你时，你会做出相同的反应吗？

是一样比照办理，还是能够冷静厘清，退几步思考？会觉得“我如果答应，岂不就是个傻子！”还是“这是个好提议，无妨！”呢？

简言之，你会受到关系角色的影响和束缚。

为了维持一个形象，在人际关系中获得对方（可能是亲人或朋友）的喜爱和认同，便改变了自己的心理界限去迎合、配合、奉承和退让。

然而，在面对人际关系中相对疏远的任何一个人时，反而能够保持冷静和理性，充分并彻底思考自己真正的意愿和现实条件。

2. 如果是你的朋友

简言之，如果你纯粹是一个旁观者，在面对同一个问题或要求，例如朋友求助于你时，你会给朋友怎样的建议呢？也就是你比起当事者，将能更客观地分析和综观整个局势。

以上是换位思考的不同角度，提供给大家参考。

人类是群体动物，任何人都无法摆脱社会以及所有的人际关系而超然独立地生存（及生活），所以怎么在漫漫人生长河里，在人与人的互动中，拿捏、建立和把持相对合宜、舒适的心理界限，仰仗的是我们持续的思考和不间断的练习。

为什么总是妈妈接学校老师的电话？爸爸呢？

“刻板印象”决定了你的责任，框架了你的反应，影响了你的关系。

松绑就应当从此刻开始。

她接到学校老师的电话后，急急忙忙地向公司告假，抓起钱包、手机、钥匙，火速拦截一辆出租车，赶到了学校。

是的，儿子又闯祸了。

其实，也不是什么了不起的大事，只是与同学起了冲突，儿子坚决不认错、不道歉。双方僵持不下，导师只好“请”家长到校处理。

她的心中有着无限的感慨和心酸。

为什么总是"她"接到电话呢？孩子的爸，是的，另外一位家庭合伙人正在家中享受着空调，玩着在线游戏。

她的先生、孩子的父亲失业在家已经两年有余，有着大把大把的空闲时间，然而却没有人会在第一时间去联络父亲。最快被想到，然后必须亲上火线的，往往是含辛茹苦、怀胎十月的母亲（哪怕她身心俱疲）。

她这根蜡烛为了工作，为了家庭，持续两头燃烧。

何止没有自己，即使即将燃烧殆尽，也没有人放过她，而她，也无法放过自己，因为她是一位母亲。

我们的社会对于关系角色及随之而来的认知、责任和期待，有着相当僵化的思维和刻板的印象。

例如，母亲就应该如何，孩子就应该怎样，女人就应当如何，男人就必须怎样。

所以，母亲就应该为了孩子，无私奉献一切；孩子就应该听话，当一个乖宝宝；女人就应当温柔顺从，不然会没人要；男人就应该刚强，流泪会被人嘲笑。

有人际关系，就会有相对应的角色和称谓，而我们往往受限于关系里的角色和称谓，被教育、被期待、被暗示、被安排、被指使，例如必须做出哪些反应，应当有哪些行为和表现才是正确的。

而且这一切还必须是自动化反应，不管是我们要求别人，还是我们要求自己。

所以，现代“母亲”的命运就是分身乏术，身心俱疲，捉襟见肘。

即使现在已是标准的双薪家庭时代，但孩子一有状况，无论是学校老师、公公婆婆，甚至是娘家亲戚，他们第一个问候、追讨责任，甚至兴师问罪的，往往还是孩子的母亲，也就是女性。

即使孩子是两人共同所生，但鲜少有人会主动并且立即意识到男性，也就是父亲的角色。除非是对于性别意识有特别关注的人，多数人还是被性别刻板印象牵着鼻子走，那是内化到骨子里的价值观，进而带出所有的行为反应。

进入21世纪，摊开来看，性别角色定位也是不公平、不合理的，女性肩头上的负担加剧了，也让男性继续待在并且困在男主外、女主内的位置——跟孩子不亲近，跟孩子很疏离，他只是赚钱的工具，名副其实的提款机。

这些状况长期存在，日积月累，也严重影响了夫妻之间的亲密关系。

以色列社会学家奥尔娜·多娜丝（Orna Donath），同时也是《后悔当妈妈》的作者，在她的书中提到，必须让女性从“母亲的功能性”中挣脱出来，必须让她们被视为独立的个体。女性不要再因为别人的人生，模糊了自己的人生焦点或失去自我。

让她们痛苦的并不是孩子，而是“母亲”这个身份，以及随之而来，被加诸的各种道德枷锁和无限上纲的责任。

◎ 父亲与母亲对孩子来说，都很重要，只是位置不同

我一直很欣赏英国精神分析学家唐纳德·温尼科特（Donald W. Winnicott）提到的一个概念，即“保护和支持的环境”（holding environment），它可以用来解释母亲，也可以用来解释父亲。父亲和母亲，对我们来说都很重要，只是所处的位置不同。

我认为，一位父亲，所能提供和扮演的最好角色，就是能够在外围保护、支持妻子和孩子。当妻子与孩子彼此之间过分黏腻时，他有能力，也有意愿将两个人分开来，各自独立。

这个保护与支持是心理上的，而非传统上的认知：父亲只是家庭的经济支柱而已。

此外，刻板印象也让许多父母各自所擅长的能力无法发挥，

也对父母的种种行为更为限制。

擅长的，不能做，因为会被取笑；不擅长的，你必须继续做，因为古往今来都是如此。

爸爸就该是“那个”样子，妈妈就该是“这个”样子，所以很努力地挑起担子，希望能称职，但是完全不称心，以至于到了最后，也难以称职。

即使拥有自觉，想要抗争和改变，也往往事倍功半，徒劳而返，因为外界排山倒海而来的指责和批评，如同滚滚洪水袭来。

在如今的社会里，不是好母亲，比起不是好妻子更加失职，更是一件大事。

轻则招致闲言碎语，重则被谩骂与攻讦，只要孩子出了一丁点儿事，就是“你”没有教好。

不管是你太严格，还是你太放纵，或是你太疏忽。

怎么做，都不行，都有人嫌；怎么做，都不对——应该说，都不“够”对。

◎ 现代母职角色的矛盾困境，有谁看见，有谁怜

在过去大家庭的时代，出入都有亲戚和邻居互相照看，孩子无须随侍在后。

社会结构和环境变迁极快，很多女性在短短二十多年间受过高等教育，在学校就有优秀杰出的表现，进入社会，进了职场，更是能够发光发热。

但是进入婚姻、家庭之后的角色认知、责任和期待，无论是作为一位妻子，还是作为一位母亲，都没有相对应的改变、调整和松绑。

甚至，连想要多请几次假都要被刁难，差别只是明着来，还是暗着来。

这更彰显了作为一位母亲的负担及无力感。

明明是男女同工同酬，却仿佛挂名般存在。看起来好看，却难用得很，甚至不能用。除非你有应对方案，要不然就很难承受这些不公平。

▶ 临床心理师的处方笺

一起解放现代母亲的困境，从现在开始，由你、我做起。

1. 妈妈互助团体

现在，越来越多的职场妇女组织了读书会。

她们订出一个时间，选定一本书籍，学习并交流有关育儿、教养的最新知识，以及分享心得。

这不只是知识上的学习，更重要的是这个具体成形的团体能够发挥出超越孤军奋战的效益和价值。

一个人阅读很容易纸上谈兵，但是一群人讨论，有更多实际案例可以作为参考或借鉴，并且互相加油，互相打气。

我们不仅要颜如玉，还需要有温度的情绪支持、反馈和鼓励。

2. 释出亲职功能

你不是全能的，更无须万能。

我们都希望给予孩子最好的教养，无论是精神的，还是物质的，所以有时候看到丈夫照顾孩子时的粗手粗脚，或者粗枝大叶，往往会心生焦虑，看不下去，立刻拦过来，深怕孩子受一点儿伤、身上多一处瘀青。

身为女性，我们必须正视我们的局限。我们身边的人虽然有待训练，但他是一块璞玉，只要多加练习，就会是你的神队友、好伴侣。

更重要的是，这也是留给孩子与父亲亲近、深化彼此关系的最佳时机。

松绑，由此刻开始。

让我们重新定义母职：让每一位母亲都能保有自己，在家庭里游刃有余。

为什么不敢结束痛苦的婚姻

锻炼“社交自我效能”，让自己有能力结束痛苦的关系。

从情窦初开的少年时代一直到完成学业、进入职场的成年时期，爱情是每个人一生关注的焦点。

对于多数人来说，幸福总是难以持久，所以许多人为情所困，更有许多人为了爱，夜不成眠。

在痛苦的关系里，过了一天又一天，低潮难熬的滋味，如同苦海无际无边。

然而，有些人却能壮士断腕，“主动”选择离开；有些人则会一忍再忍，即使每天都不愉快，或者一个不小心就会“擦枪走火”，陷入攻防战。长期郁郁寡欢，即使濒临抑郁症发作的边缘，仍旧无法离开一段食之无味，甚至有害心理健康的关系。

在常见的姐妹淘下午茶或者心理咨询室里，永远能听到对感情议题的抱怨。

“太过分了！你知道吗？我老公为了证明他跟第三者断了奸情，竟然带着我到他们同居的地方，检查小三的内衣是不是已经扔干净；还跟我说天下男人都一个样，他只不过是在外头

‘快活’了八个月，这不就回来了吗？”

咨询者一边回顾夫妻之间的对话，一边气得牙齿直打战。

不过，咨询者并不打算结束这段关系，尽管羞辱、委屈、愤怒以及不满排山倒海一般，侵蚀着她的情绪，啃噬着她的自尊。

“虽然离婚很难堪，但是我想，这是双方的缘分用完了吧。”

去年年底离婚的朋友，当时哭得梨花带雨，瘦得皮包骨头，如今却是神清气爽，与当初判若两人。

她的问题与上述咨询者一样，也是伴侣出轨。

然而，朋友在事发三个月内，历经百转千回的情绪和所有的压力，做了全盘思考，决定离婚，并为此做准备，如今的情绪与上述咨询者截然不同。

纵使偶有感伤，但更多的却是自在和释然，也开展出新生活和不同的人生阶段。

◎ 对于多数人来说，往往是恐惧遮蔽最真实的直觉，逃避取代正视问题的行为

在关系里所投注的时间、心神、情感、体力或金钱，都是

人生的成本。

一段感情关系破裂，无论导火线是什么，只要做不到尽释前嫌，接下来的日子两个人都不好受。

对于悬而未决的问题，继续睁一只眼闭一只眼，勉强维持着脆弱的平衡。

如果在这段关系里，还有更重要的价值，足以说服自己留在局中，并且为此共同努力，也不啻是一个好选择。

但是对于多数人来说，往往是恐惧遮蔽了最真实的直觉，逃避取代了正视问题的行为，也因此心里的疙瘩永远存在，阴影也永远相伴随。让自己闷闷不乐，糊里糊涂，与伴侣相看两相厌地过完一生。

朋友和这位来访者的婚姻状况内容相似，但两人的选择和走向却并不相同。

同样是伴侣出轨，有些人虽然持续抱怨，但却维持现状，有些人则是主动结束这段关系。

这让我进一步思考，导致采取两种不同做法的心理因素是什么。

心理学家阿尔伯特·班杜拉（Albert Bandura）认为“自我效能”可以影响一个人努力的各个层面，无论是学习、工作、感情、婚姻，还是人际关系，也就是一个人认为自己的力量可以影响结果的信念，将会决定当你面对严峻挑战时，潜在能力的最大发挥以及可能做出的选择。

史密斯（Smith）和贝兹（Betz）则进一步提出了“社交自我效能”，指一个人对于社交能力的自信心，也就是自己有没有能力去开启、建立和维系人际关系。

◎“社交自我效能”高的人，面对未来的人际关系，比较敢放手尝试

在爱情和婚姻关系里，当我们不可避免，必须面对结束或抛弃一段感情，接下来就是恢复单身，回到一个人过日子的状态时，尾随而来的问题是，我还会进入下一段关系吗？我还要进入下一段感情吗？如果答案是“会”，意愿是想要，那么中间这段空窗期的时间长短，就取决于运气和能力了。

运气的部分抽象而神秘，能力的部分则是相对具体、能够定义和学习。

我有没有能力找到合适的伴侣？我有没有能力吸引有魅力的男子或女子？而这些能力都带出一个重要的心理变项：良好的社交自信。

当我们相信自己可以，才敢放手尝试；当我们相信自己可

以，才不会紧抱着过去，深怕什么都没有。

所以找到下一个伴侣，不是滥竽充数，而是彼此契合；不是貌合神离，而是心有灵犀。紧扣着展开一段人际关系的历程，以及我们对于这个历程成败的心理评估。

社交自我效能高的人，面对未来的人际关系，不是只能被动地接受目前的关系，忍受目前的困境，而是抱着比较正向、积极的信念，去思考目前的问题，以及检视现有的资源，盘点自我能力。

◎ 下一个对象会是金城武，还是八两金？

回到前述案例。

咨询者在大学毕业后就进入了婚姻，她的职场经历近乎为零，她的生活环境和人际关系网络，就是家庭、生活用品商店两点一线的范围。

接触的对象除了丈夫，就是以前的同学，但因为离开校园已久，与同学的关系并不密切。此外，就是购物时认识的销售人员，或者街坊邻里和亲戚。

生活圈子和人际关系单纯，社交自我效能可能相对较低。

然而，朋友自毕业以来，工作从未间断，专业领域持续扩张，每天接触到形形色色的人。

进一步回顾成长过程，发现她有不少克服难关的正向经验。无论是升学考试、求职面试，还是持续进修、跨界学习，甚至连瘦身成功的经验都曾有之。

过去的正向成功经验，会进一步提升自我效能，相信自己能跨越难关，进而付诸行动。也就是说，自我效能高的人，在面对严苛挑战和未知的考验时，相信自己能发挥潜在的实力，做出的选择能引发更多的选择，未来会更美好，而不是陷入死胡同。

用一个有趣的比喻，相信结束目前的关系会更好，下一个将会遇到金城武，而不是八两金。所以，在感情方面止损，离开无法再忍耐、无能再努力的关系，或许就不这么困难了。

▶ 临床心理师的处方笺——
提升自我效能的练习。

1. 累积成功经验：从小事开始

自己亲身获取的成功经验，永远是最直接、最有力的例证。

如果你曾经跑完“全马”，那么“半马”对你而言，绝对不会感到困难，你也能对完成赛事具有信心。

就从小地方、小任务开始，通过持续练习，累积成功的正向经验。当自身的能力一点一滴地进步时，也会回过头来提升自我效能感，变成正向循环。

2. 慎选人际环境：替代性经验和他人评价

周围他人的替代性经验，也会影响自我效能感。

当你看到同事每天下班慢跑五千米，不相信自己会做不到，对于自己即将开始的运动计划，也会相对充满信心。

然而，如果同事慢跑只持续了两周，这时恐怕就会降低你的自我效能感，因为看到他失败，仿佛自己也会失败。

此外，别人的鼓励和反馈，也会影响自我效能感，所以请主动接近温暖友善，能够激励他人的前辈、朋友或同事。

对于爱说风凉话、见不得他人好的族群，请“有意识”地保持距离。

阿德勒说过，所有烦恼都是来自人际关系的烦恼，而所有的喜悦，也都是来自人际关系。无论是恋爱，还是婚姻，关系质量的优劣，都会左右你的情绪是好，还是坏。

关系可以修复，修复关系也值得努力，但我们必须明白，良好的关系必须是共同努力的结果，而不是一个人努力到尽头，另一个人却始终置身事外，置之不理。

让我们一起锻炼社交自我效能，为关系和人生而勇敢努力。

自动化“玩笑”：“我老婆现在的大腿，是当年的腰围……”

如何终止人际剥削？

惰性和习性，是我们一生对抗的两件事。

“做这块五花肉，我特地用土法手工冰糖取代了普通的白色小块冰糖，让它更入味。”

在年夜饭的桌上，婆婆贴心地夹了一大块肉放到她碗里。

“妈，不用，不用，你没看看她现在的模样。回想以前跟她约会，食量如小鸟，现在胃口如大象，她现在的大腿呀，是当年的腰围呢！”他自以为幽默地开了一句玩笑。

乍听这些比喻，确实好笑。

她故作镇定，没有当场发作，以免老公下不了台，但此时的她脸色一阵青、一阵白。

老公当着公公、婆婆、大伯、小叔和妯娌们的面，拿她产后三年迟迟没有恢复当年苗条的身材，作为话题和笑点。

“跟你说过很多次了，不要在别人面前拿我的身材说笑！

生过两个孩子，有谁还能是瘦子？”

回到卧室，她总算可以一吐怨言。

“大家都是自己人啊！这也不是什么坏习惯，有必要这样小题大做吗？”他一边伸懒腰，一边打哈欠，漫不经心地回应着老婆倒的苦水。

逢年过节，我们总有聚会，面对的可能是直系血亲的家人，或是姻亲。无论在初次见面或久违后的寒暄里，都会有刻意制造的热络和欢笑氛围，但你有没有仔细观察过，为了这些场面，牺牲了哪些人？

人们习惯用最省力的方式生活。在认知心理学里，提出人类思考方式的其中一种特性是：捷思，意思是对于某件事、某个问题或者某种情境，当我们还没有清楚明确地了解时，就会根据自身的经验，使用直观的推论方式。

简言之，就是节省认知资源的使用，进行判断和推论。

然而，我们应该了解，自身的经验有其局限，最糟糕的状况是瞎子摸象，得出一个严重偏离事实的结论；其次则是以管窥天，见识不深。

思考是一种自动化历程，如果连思考都能省略，那么其他的呢？省时又省力，就是惰性的根源，因为人性中都有好逸恶劳的成分。能够躺着，就绝对不坐；能够坐着，就绝对不站，更别说要即刻起身，大步向前。

所以在人际关系里，我们都不会主动地调整日复一日的称谓，哪怕这些称谓听来很伤人，例如“欧罗肥”“矮肥短”；哪怕这些表现，让彼此心中的不满和积怨越来越深，例如当着众人的面看似开玩笑，实则贬损人。

惰性与习性不同，却息息相关。因为惰性积累久了，就成了习性。习性久了，就越来越疏懒。

因为惰性，所以懒得主动调整和改变，久而久之就成了习性，变成语助词以及口头禅，每天都要来上这么一段。

“我家那个死鬼”“我老婆产后再也回不到从前的身材”“他就是没用”“女人就是没有见识”……这些话语人们耳熟能详，不仅出现在电视剧里，而且出现在多数人的家中，听多了，还真是感伤。

在人际关系里，随处可见剥削人，或者被剥削的行为。

语言、表情、态度、肢体表现，乃至于以上加乘所形成的整体社会或团体氛围，都可以由内而外、由外而内地影响一个人的心理健康和相对应的行为。

哪怕对方只是一个挑眉或白眼，或者作势抡起拳头看似要打人，都会让你感到被质疑、不信任和挑衅，还有或隐约或明显的威胁。

接下来你可能是尝试压抑、刻意忽略，或者勉强隐忍，久而久之，变成了自信低落，觉得自己里外不如人，甚至演变成焦虑、忧郁、哭泣或失眠。

想要改变，往往要等到火烧屁股、迫在眉睫，然而，为时已晚，已回天乏术了！

▶ 临床心理师的处方笺

1. 监控你的人际直觉，习性就是魔鬼

我们都有一套自己最习惯的社交直觉，主动与被动，付出与接收，热络与淡漠，自主与迎合。

好的人际互动习惯，我们继续维持；不好，甚至有害的习惯，应该时时检视和调整。

在咨询室时常听到学生抱怨被同学当成透明人，同辈关系总是很疏远；男生抱怨被女生当成工具人，异性关系总是很惨烈；老婆抱怨被老公当成十项全能，婚姻关系中所有的大事小事，总是她全包，他仿佛还在当少爷。

2. 面对你的人际模式，惰性就是缺点

模式就是习惯，习惯就会循环。恶性循环不易更改，因为必须与惰性交战，所以你会发现，一切都会回到起点。

有人轻蔑你，如果你选择暂时不予理会。那么，下次有机会，他还会二度轻蔑，不断循环。

就像我们都有固定起床的时间，有些人愿意起床早一点，让自己从容不迫，气定神闲；但也有人总是赶在最后一刻，慌张忙乱，甚至出差错。

赶在最后一刻才匆忙起床盥洗、换装的人，也知道稍微调整作息，就能减轻自己可能因赶不上车而迟到的心理负担，但是惰性就是如此难改。

人际模式也是一样。

理智上，人人都知道彬彬有礼、友善客气是人际关系和谐的根本，然而在行动上，你永远会发现说话不客气、举止不得体、态度很傲慢的大有人在。

因为惰性难改，因为惰性与习性互为因果，成了习惯。

3. 观察你的人际表现：语气、内容和肢体语言

在人际关系里，负向的语气和内容不难辨识，例如取笑、轻蔑、贬抑、威胁、羞辱……

更加隐微，并且不易自我监控的，其实是肢体语言。

在咨询室里，所有带着人际关系议题前来的咨询者，除了主诉的困扰内容外，都可以观察到他们的外显，不自觉的肢体语言都透露出一部分的困扰根源。

例如，自信不足、太退缩，回避视线接触，并且唯唯诺诺；或者是渴望获得关注和博取好感，却又显得作态，甚至有逾越界限的行为表现。

人类终其一生都在对抗惰性和习性。

如果没有刻意练习，时时警惕，就很容易错过最容易调整、改变相对较不费力的黄金关键期，也就是人际关系恶化征兆刚开始出现的前期。

愿我们的人际关系中有着尊重和平等，劣化的关系能从此终结，让我们从容自信、无悔无憾地过好这一生。

过度依赖："他是我老公，这些不都是应该的吗？！"

过度依赖，是一种无底洞的深探。

"弱势"不一定弱势，它有时是一种变形的武器。

依赖不是信任，更多的时候，这种行径更接近于无赖。

“你身上没有现金？但有老公的信用卡附卡一张，吃穿用度全靠老公，这样好吗？”

我们相约在某购物中心喝下午茶。

朋友相约，选择地点时不只是出于喜好，有时候更是身家背景和生活圈的象征。

我们连经过次数都屈指可数的购物中心，却是朋友日常逛街、散步，还有采买生鲜蔬果和高级肉品回家烹调、料理的地方。

“他是我老公，这是应该的。我照顾女儿上小学，平日女儿放学后，还要送她去学西班牙语、英语、绘画，还有双簧管。我也很辛苦啊！”

她一边摸着刚做好的光疗指甲——六根手指头有彩绘，另外四根还镶有数量不等的水钻，一边悠闲地说。

“话虽如此，但你不定时抱怨他做人无趣，生活没有情趣，岂不是有失公允？他整天在外打拼，才能让你无须上班，同时能供得起小孩高昂的学费、全家吃穿用度，以及一个月十万的房贷。”

后者真是令我们吃惊！台北市区随便一间小套房，就足以令我等小小上班族默默哀泣，实在难以想象每月十万房贷，到底会有怎样的好风景，以及怎样的经济压力。

依赖，不一定屈居弱势，有时候那更像是一种武器。

我把人生交给了你，它是你的责任和义务。质量好，是当然；质量差，是你不应该，不是我活该。

外人看来是缺乏现实感，但是他或她的心理诠释，却是自己的付出很伟大，如果伴侣不如己意，则是很委屈，而面对外人时，更是万般不甘心，并且振振有词。

每个人都能朗朗上口“同理心”，可是多少人能够做到真正同理，将心比心?

我们很难清楚地观察自己，到底自己说的话、做的事，背后有哪些潜意识作祟，进而现形。

我们理解的是我们的理解，我们总是以为别人的思考逻辑、情绪和行为反应与我们如出一辙，所以我付出的关心，你应该会满意，也必须满意，然而我的感受，尤其是委屈和不甘心，对方竟然会无法理解，漠不关心，真是冷血，更是无情。

同理心的机制，涉及生理层次的脑岛结构，更涉及自我认知。

“同理心”不只是三个字，它涉及神经基础的反应，更是与自我认知有相当紧密的关系。

换言之，如果我们对自我的认识不够，那么同理心恐怕也很弱。

我们表现出来的，给予对方的，可能都不是同理心。也难怪时常可见，经常耳闻，接受的那一方觉得我们的关心多半不到位，很多时候是多余的，是负担，心中则默默地祈祷“麦搁来”（不要再来）。

此时，请你仔细回顾自己的人生经历，无论是发生在你自己身上，或者是你周围的人，比如最亲近、朝夕相处的家人，一起成长的同学，进入社会后接触到的同事、下属及上司们等，你应该有一个很有趣的发现，那就是人际关系里确实存在着许许多多的纠结，以及痛苦。

多数人不是坏人，甚至没有绝对的坏人，可能自我认知都是好人，那么，这么多以及这么高比例的误区，到底是从哪里来的呢？可能都是来自：对自我不够了解，乃至于对别人以及关系有错误理解。

所以我们一而再、再而三无意识地演着自己的剧本，沉溺在自己的心情里，看不见整个局势，更看不见自己的亲密关系和人生格局。

依赖并不是错，但是我们必须看见，并且承认自己的依赖。

在哪些地方依赖，从中获得了哪些好处，或者因为依赖，少去了哪些奋斗的勇气，缓和了哪些现实带来的辛苦，甚至因此获得了些许轻松。

如此，在关系里，才会出现感恩。看见对方辛苦，以及可能会因此关怀对方，而不是当吸血鬼，欲求总是填不满，甚至因为过度依赖，成了无底洞的深探。

当我做心理咨询时，屡屡看见儿女成年离家或者成家，身为父母的夫妻，进入了所谓的空巢期，即使已迈向中老年，但伴侣的其中一位却坚决要离婚的案例。

决意离婚的那一位，有不少比例竟然是长年被依赖、长年没声音、极少听见他（她）抱怨的那一位。

▶ 临床心理师的处方笺

1. 请你试想，如果我们的身份和角色被取代

依赖者就不能再依赖，因为拿掉了这个身份和角色，没有人会买单，或者不一定会有人买单。

恰到好处的依赖，显得有点可爱，也会让对方觉得自己有能力照

顾你，让你快乐以及自在。

然而过度依赖，就只是表面和善，甚至自觉委屈，但其实是恶鬼讨债。

2. 追求精神独立

我们都需要学习精神独立，有些时候依赖，更多的时候是独立。

经济独立是上一代女人最常见的盼望和心事，因为受制于社会环境、父权体制以及传统陋习，还有教育不普及，甚至有些人是童养媳。

但现在全数解除了吗？其实残留的遗毒和影响仍然存在，不能掉以轻心，仍待努力改变。

而精神独立更是我们这一代人的终身课题，因为经济独立不一定能精神独立，也不代表精神独立。

独立的人，时常让人觉得很迷人，甚至进而仰慕。为什么呢？因为他或她能够主动给予别人，而不是等着被给予，等着被人满足与填补。

独立的人，给予的关怀和善意，不是变形之后的手段。它没有夹杂或包裹着其他意图（剥开来看，其实是一种交换）。

人际关系的处理会是终生相伴的课题，我们不可能逃开，也无须逃开。

学习独立，不要过度依赖，让我们在关系中游刃有余。

希望在关系里能够自在呼吸的人，不只是你自己，还有最亲密的另一半。

别做婚姻中的“好人”：你的退让，是婚姻崩溃的主因

你的不表达，是善意，还是软弱？

持续“认识自己”，别让它成为终其一生的遁逃。

“你还好吗？怎么这阵子没有听到你提起你太太。你好像也不常回家啊？”

他看着同事日渐瘦削的脸颊、深陷的眼眶，好心地发问。

“别提了。我们距离上次说话已经三个星期，社交软件一打开，就是连珠炮般接连几页的抱怨。没有性生活的日子已经三年，更早以前的相处虽不至于相敬如宾，但互动就像白开水，一切乏善可陈。”

同事意兴阑珊地挥手，即便垮着一张脸，但也勉强挤出一丝微笑，算是对关心表示谢意。

家家都有一本难念的经，他家也未能逃过一劫，也有专

属的那一本，而且其中的关系难题，恐怕问谁都白搭，问谁都无解。

“好吧，兄弟之间，你懂的。你若不想说，我就不多问，但是想说的时候，尽管找我。”

他拍了一下同事的肩，轻轻叹了一口气走开了，心中多少有个谱。

同事就如同多数人一样，时间到了就结婚，跟太太的关系一开始还算可以，偶尔也会一起旅行，可是每当两人出现争执，同事就秉持好好先生主义，想着以和为贵，包容就好，事过境迁就会天下太平。

哪怕太太为了一点小事就发飙，“离婚”两字总是挂在嘴边，总是抱怨说后悔嫁给他，他还是不反驳、不发怒、不张扬。

殊不知关系里的问题悬而未决，地雷总是不拆解，就是持续累积成压垮骆驼的最后一根稻草。

生活就是酸甜苦辣，只有你最清楚吃进自己嘴里的饭菜到底香不香。

关系就是如人饮水，只有你最了解你们之间的关系到底是滚烫、温暖，还是冰冷。

◎ 我们对于自己，往往不够了解，甚至误会了自己过一生

包容的出发点，在于你对自己的了解。然而，我们对于自己，往往不够了解，甚至误会了自己过一生，所以才有所谓的发展危机，尤其是耳熟能详的中年危机。

人生到了某个阶段，往前回顾，心中一片迷茫，总觉得自己为谁辛苦，为谁忙？整日就是“忙盲茫”。或者是听到伴侣关系里，三年一个小危机，五年一个大危机，七年之痒已是过去式，关系问题的警铃，在这个时代都是提早响起。

如果抽丝剥茧，追根究底，其实在日常生活的相处中，就埋藏着或大或小的问题。

乍看因为没有迫切性，也就疏于思考，不加正视，也就实时处理。

这些在关系里如同暗流般的张力，长期存在后让许多夫妻彼此之间不只是没有激情，更没有温情，只是凑合着，倒数着过日子。

我们认为自己是善意的，但其实是软弱，以及不愿意承担表达想法和情绪之后的风险。

包容是一种体贴，但是包容并不是逃避，更不是容忍。

许多专家提到了关系里的界限，但我更想探讨在关系里，回应方式的出发点。我们习以为常的方式，并不见得对关系有益，即使立意良善，也不见得正确。

在关系里，给予温和或包容的回应的人，有些其实也是在关系里，相对弱势的那一方。我们总认为自己的出发点是善意的，一切都是不想破坏关系，一切都是为了家庭和谐；但如果认真向内心梳理后，你会发现这其实是不敢正视自己的软弱，以及表达想法和情绪之后必须承担的一丝一毫风险。

曾几何时，与亲密的伴侣分享内心真正的想法，竟成了生命中的冒险。

◎ 冰冻三尺，非一日之寒，关系更是如此

心理学家丹尼尔·吉伯特（Daniel Gilbert）在《快乐为什么不幸福？》（*Stumbling on Happiness?* ）一书中提到，我们高估了自己的想象和判断能力，所以时常做出未来会后悔的决定。

我们总以为能够预测未来和客观地评估局势，殊不知这只是一个美丽的误会。

有些你现在觉得值得做的事，现在觉得是正确的决定，到了未来，却没有想象中值得，没有预期中那么正确，甚至是大

错特错。就像在关系里，你以为是包容和体贴，到了日后才发现两个人是同床异梦，渐行渐远。

冰冻三尺，非一日之寒，关系里的所有问题也是一样。所以我们应该尽早地开始了解自己，尽早地面对关系中的问题，并且学习有助于活化关系的互动方式。

▶ 临床心理师的处方笺

认识自己，持续练习。

1. 关系就是照见自己最好的镜子

许多人会发现，在不同阶段、不同对象的关系里，自己总是爱上了同一种人，无论是明显的外形，还是内隐的特质，总是受到莫名地吸引，进而驱使自己进一步去认识对方，甚至交往和结婚。

一开始觉得他自信、能干又霸气，后来觉得他根本就是一个控制狂；一开始觉得她娇俏可爱、有个性，后来觉得她全身公主病。

然而，这正是个契机，迫使你去反问自己，为什么你总是被同一种类型的人所吸引，而且往往在交往一段时间后，才发现反复出现“问题”，觉得“不合适”。

成长的关系，可以辉映彼此的优点，激发内在的潜能并且相互支持；剥削的关系，则是强化了彼此的缺点，强势者更强势，成为独裁的暴君；弱势者更趋弱势，到头来变成任人鱼肉的乡民。

2. 优点、缺点，都是特点，学习运用和平衡

面对优点，我们容易妄自尊大，面对缺点，我们容易妄自菲薄。其实无论优、缺点，都只是根据外在环境、互动对象显现出的特质，回到根本，它们都是特点。

处在派得上用场的环境，它就是优点；处在不适用的文化或情境中，它可能就是缺点。

保持成长型心态，对于自己的特质能有持续探究的好奇心。

学习在适合的情境中运用它，在不适合的情境中则收敛和平衡它。

我们终其一生都在认识自己。

主动地认识自己，在任何关系里就可以少走一些冤枉路，用合适的方式在关系里表达自己的想法和情绪，不会伤及对方的自尊，不会矮化自己，更无须长期受委屈。

被动地认识自己，则会在关系里不断重复相同的问题，反复上演千篇一律的悲剧。

别让“关系苦恼”成为悬在我们心中的感慨，别让认识自己这项作业成为终其一生的遁逃。

找出思考盲点：你的婚姻，不只有一种可能

如何有效地改善关系？关键在于用对方法。

我们最大的思考盲点是“注意力偏误”。

“他是处女座，我是狮子座，怎么看都不合啦！他谨慎龟毛，出个门都要耗半小时，检查水电煤气各种开关，还有室内拖鞋都要收纳整齐；我潇洒率性，眉毛画一下就能出门。检查？哪有这么倒霉；整理？在家就是要随性啊！我们为了这些鸡毛蒜皮的小事，两天一小吵，两周一大吵，烦都烦死了。”

Nancy 认为他们之间的冲突不可能趋缓，关系里的摩擦不可能改变，就是因为两个人的星座早已注定了。接着，她撇撇嘴，叹了长长的一口气。

“星座运势的确有趣，这点我不否认；但是你也太相信它，接近固执，甚至迷信了吧？”

我不禁哑然失笑，面对着多年同窗兼好友，还是好意地提醒了一下。

◎ 不少人将星座等作为人际关系、生命困境的解释，并将此当作解决问题的方式

心理学家，同时也是诺贝尔经济学奖得主卡内曼（Daniel Kahneman）博士提出过一个有趣的概念：“聚焦幻觉”（focusing illusion），意思是任何你当下觉得非常重要的事，其实并没有那么重要；你觉得这就是问题的核心，但其实并不一定就是原因。

也就是说，当你的注意力焦点完全关注并且锁定在特定原因时，你就会赋予它过高的重要性，甚至还赋予了因果关系。

例如，我跟他水火不容，肯定是因为星座不合；我最近时常被主管“盯”住，肯定是流年不利；我老公异性缘匪浅，肯定是命中桃花运太多；家里鸡飞狗跳，肯定是小女儿的八字克双亲。

时至今日，还有多少人对星座等各种玄妙而神秘的解释照单全收，并且深信不疑呢？在我看过的诸多案例里，仍有不少人把此作为人际关系、生命困境的原因，接着，就是将此当作解决问题的方法。

然而，它是作茧自缚的自我局限，还是维持警觉的自我提醒？思考逻辑、运用方式，还有发展结果天差地别，一切取

决于你。

生命里的痛苦，关系里的困难，我们都希望找到解释。因为我们希望人生的困惑能有地方安顿，内心的焦躁和委屈能够找到原因。

然而，很多我们自以为是的原因，其实并非真正的原因，或者，并非唯一的原因。

人际关系出了问题，每个人都会自发地寻求解释和原因，以求从中获得有助于解决或改善的方式。然而，如果我们一开始的思考或者理解就出了问题呢？这就会使我们接下来的努力事倍功半，并且持续碰壁。

因此，你会发现很多人深信着错误的原因和解释，然后不是一鼓作气，愤而离去，就是继续吞着怨气，委屈配饭，抱怨度日。

◎ 我们总是主观地认为自己客观，我们总是感性地以为自己理性

不只是所谓星座，还有一些“过来人”的经历，以讹传讹，甚至是问道于盲。

亲朋好友的经验，坊间出版的大量书籍，都是我们的另外

一双眼睛，可以带给我们不一样的观点、视野和知识。

然而，每个人都活在自己的主观世界里，同时辅以有限的人生经历，所以各有其局限，所以我们永远都有可以改善及进步的空间，甚至也有被推翻的可能。

因此，你应该尽可能地多方尝试，找出最适合，也有助于改善关系的方式。

▶临床心理师的处方笺

1. 留意“思考盲点”，随时检视

请对现象感到好奇，对困境秉持怀疑，并动用你的实验精神和想象力，如同前述所提到的思考盲点：注意力。

生活中有太多的事情攫取了我们的注意力，因为醒目、因为特殊、因为和你有关……各种因素，都会让我们关注，进而将它当成原因和理由。

持续学习以及大量阅读，就是希望能够与时俱进，借此扩充思考方式的丰富性，带来解决方法的更多可能性，以减少既有盲点的影响和搅局。

2. 调整方法，持续尝试

我们都不希望白忙一场，更不希望彼此的关系以闹剧收场，所以思考盲点突破以后，还要搭配成果检视，这才是完整的配套措施。

当然，如果在调整和尝试的过程中累了，请提醒自己适度休息，容许自己暂停，但不要自我否定。留有余裕和弹性，才有接下来的续航力。

我们都不希望自己会“习得无助”，因为长时间反复遭受挫折，得不到想要的结果，达不到预期改善的目标，就逐渐会打心底里认为自己没有能力，行为便渐趋消极，心理便感觉忧郁。

当然，有了成果出现，作为成绩，我们更能肯定我们的思维模式更新有益，我们的努力方式并没有背道而驰，它自然也是最好的奖励和证明。

如果你正在阅读本书，也相信本书的观点和见解，谢谢你的肯定，身为作者和临床心理师的我会很欣慰。

然而，我更希望，你能继续秉持怀疑和实验精神，持续思考，敢于尝试，永不偏废，找出最适合你（们）的关系解。

有句话说得相当传神，就是“不管黑猫白猫，能抓到老鼠的就是好猫”，这也是我面对所有人际关系问题时的其中一个思维。所以，只要对你而言有效，就是好方法。

少一点先入为主，多一点实验精神。减少胶着的时间，增加改善关系的可能，就能调配出高质量的人际关系，还有幸福、自在的人生。

我们因软弱而抢着当好人，却将另一半塑造成了坏人

你应当勇于面对关系里的困难，你不必一开始就要求自己有一个大突破，可以先从小处着手。

“嗨，嫁鸡随鸡，嫁狗随狗。人生不就是这样吗？”

姐妹淘难得聚会，从上一代就开始流传的婚姻箴言（或是诅咒）就立刻登场了。她细数已婚的大学同学，也多半是这样。

黄脸婆的生活，喘息的空当就是追剧、看欧巴。跟老公的亲密行为？算了吧。没有性生活有什么大不了，每天为了小孩都忙死了，整个家庭运作正常，就已经是上辈子积德了。

柴米油盐酱醋茶，每天睁眼就开始忙。心盲无所谓，至少还没眼盲。她这样安慰并说服自己。还有，衣柜打开都是老式内衣也无妨，反正肤色最百搭。

“当年你可是驰骋系上，说理论道万丈光芒，还是有着雄

心壮志的侠女呢！你的热情呢？你的理想呢？就这样全部把它化作了愁肠？”

我大惑不解地发问，问了一个有些失礼，却又万般好奇的问题。

“不甘心啊！但是又能如何呢？小孩都生了，时光不能重来。他没有大缺点，就是性格温温吞吞，总是当好人，所以他在同事眼中就是“妻管严”，而我在他同事的想象里，就是一个强势的太太，婚姻关系里的坏人吧！”

她叹了一口气，把杯中最后一口果汁喝掉。

曾几何时，自己的人生变得乏善可陈。婚姻里面只有义务和责任，她成为千人一面的怨妇，幸福、快乐已经消逝在很久很久以前了。

◎ 我们为什么总爱当好人？

在关系里，我们时常判断“谁是坏人，谁是好人”。而剧本往往是这样的，不反驳、不发怒、不张扬的，就被当成好人，也自以为是好人，不分性别。

他可能是众人眼中的好好先生、新好男人；她可能是朋友眼中的贤良太太、完美女人，然而将心中的想法和意向埋藏起来，把选择、判断交给别人，那不一定是尊重，或者，不是纯粹的尊重，而是用尊重包裹着的内在的软弱。

她不是真的“没意见”，他更不是什么决定“都好”，而是决定后的结果，她不敢担；事情的成败和外在的评价，他不想扛。

◎ 没有人是真正的受益者，长期下来，每个人都是受害者

我们听到朋友、同侪、手足或父母的日常抱怨里，总是有着口中的坏人，而那个坏人就是他或她的枕边人。

与敌人共枕的剧情竟然家家户户都在上演。

妈妈打电话向女儿抱怨老公脾气恶劣、仗势欺人；同事向你抱怨老婆花钱如流水，还公主病上身；弟弟向姐姐抱怨女友是一个武则天，他去哪里都要报备，通话记录不定期被检查，她说话总是咄咄逼人、得理不饶人。

如果他们这么糟糕，为什么你当初会被吸引？如果关系这么不堪，为什么还要继续下去？

我曾经提过，关系是动态平衡，关系更是动态调整。如果当初两人会互相吸引，万般契合，那么，在接下来的相处和互

动过程中，到底发生了什么事，才变成了今天的关系剧本？

如果他们因熟稔而生侮慢，那么，我们是否因软弱而抢着当好人，却把对方塑造成坏人呢？

你就是改变关系的起点。孩子不是维系婚姻的唯一支点，更不该是父母转移注意力的焦点。

关系里的困难，在关系里解决。不要回避，更不要潜逃到第三人的空间。

有些夫妻把孩子当成唯一的共同话题和联系，两人之间专属的交流和亲密却越来越少了。夫妻不去处理关系中的问题，而是将心及注意力焦点都转移给孩子，所以孩子或大或小的状况，轻易就能动辄得咎，因为孩子背负了另外两个人的情绪张力，他（她）成了支撑父母婚姻的唯一交集。

把僵化有害的思维丢掉，把持续无效的互动换掉。关系的角色剧本：他攻击，我就反击；他逃避，我就生气；她发飙，我装没事；她无理，我就是正义。每天的剧情日复一日，每次的反应都千篇一律。

很多人是在勉强自己去容忍关系里的所有问题——关系里的无奈，关系里的痛苦，关系里的委屈，关系里的窒息。

虽然还能呼吸，但只有稀薄的空气。因为习惯就好了，但同时也钝化了；因为习惯就好了，但同时也僵化了。

▶ 临床心理师的处方笺

1. 目标无须壮阔，但你一定可以为自己和关系做些什么

你敢说出真心话吗？你敢面对关系里真正的困难，承认内心真正的渴望吗？“勇敢”两个字，说起来容易，做起来却是一点都不简单。

所以，我们不必强求自己去做一个大突破，而是从小处着手。例如，你表态过的界限，别怕反复说；你心底的不好受，纵使说不出完整的全貌，至少要愿意透露。

2. 坚持下去，就会有效果

即使微渺，即使目前仅有一砖一瓦，进步只有一丝一毫，但是日积月累，积沙成塔，滴水就能穿石，你会写下生命中的奇迹。

常年的心理工作经验告诉我，现在没有效果，不代表长期坚持下去没有用。

年初坚决不尝试、不配合的咨询者，没想到到了年底竟然突然感谢我。她说：“心理师，你今年一月说的，真是对极了！”

我感谢自己没有放弃，但是我更庆幸，她愿意让自己再试几次，直到人生出现转机。

甘地说，Be the change you want to see in the world.（欲变世界，先变其身。）而我想，Be the change you want to ENJOY in your relationship.（为融洽的人际关系而做出改变。）

你想要的关系剧本，你喜欢的互动方式，到底是什么？我们都需要丢掉手上的剧本，创造优化的版本，凌驾原始的版本，那才是你真正渴望的人生。

克服欲望和恐惧，是我们必须修炼的两件事

如何终结人际剥削？

克服欲望和恐惧，是我们一生必须修炼的两件事。

巧克力、薯片、千层蛋糕、肋眼牛排、麻辣锅、炸鸡、烧肉、奶酪焗烤……这些数不清的高热量美食，你喜欢吗？我很喜欢。你怕身材变形，日渐走样吗？我也担忧。

对于美丽和食欲，我们每天都在拔河，在欲望和节制之间持续着拉锯战。

如果能饮食无节制，日日大啖美食，肯德基炸鸡桶配上冰凉的可乐或珍珠奶茶；还无须额外腾出运动时间，安排运动计划，不用日跑三千米，臭汗如雨，气喘吁吁，女人同时保持苗条纤细、肤质紧致，男人能有结实八块肌，而不是松垮啤酒肚、

节节升高的血脂，那么肯定是快乐无比。

你也希望如此吗？我相信每一个人都是。

每个人都有着欲望和恐惧。从小到大，欲望和恐惧如影随形。它们是成长的起源和行动力，但也可以推到极致，变成贪婪和欲望，并因此受到限制。

因为贪婪，所以想要得到最多，失去最少。因为恐惧，所以害怕改变，不愿放手尝试，哪怕只是表达压抑已久的怒气。但退让过多的委屈，却让改善关系的最好时机消逝，也让改善关系的可能性受到限制。

但是，这从来都不合理。

除非你有万中选一的幸运，能够付出最少，却将所有的好处一网打尽；除非你有累世的福气，能够置身理想之地，身边尽是好人美事。

◎ 为什么会有剥削?因为人都有感受优越的欲望，也都有失去归属感的恐惧

在人际关系里，为什么会时不时地出现剥削？因为人人都有获得优越感、获得控制感的欲望，也都有对失去归属感、安全感和依靠的恐惧。剥削与被剥削，从来都是相辅相成、一体

两面的。

“你到底行不行？女人开车就是有麻烦！”

他一边指导，却又一边批评，让新手上路的太太更加惶恐，深怕下一个转弯路口又要被老公斥责。

“走开，走开！你这么笨手笨脚，不要进厨房添乱了！”

她吼着前脚刚踏进厨房，准备帮忙的老公。

原本满心雀跃，想要表现体贴的老公，这下不知是该前进，还是后退，一片好心付诸东流。

我们都希望优势被看见，能力被肯定，而这些都需要先有场域，才能表现。而关系就是场域，关系里面就是人，来执行权力变化或表现能力强弱。

所以擅长开车的老公，对刚学会开车的太太的批评毫不留情，因为关于开车，我很行；所以擅长烹饪的老婆，对于好意体贴的老公下令起来口无遮拦，因为厨房是我的领地。

◎ 说出真心话，设定不容侵犯的界限，对于许多人来说，会激发他们内在的深层恐惧

每个人都需要优越感，没有人喜欢输的感觉。阿德勒心理学的核心重点“自卑与超越”，就是在说明这个历程。一个人想要克服自卑，摆脱无力的感觉，其人生目标就是追求优越，企图超越。然而优越的发展可能带来利他，也可以带来剥削。

因为根源是自卑，所以若能正向、健康地发展，就能克服自身的弱点，强化自身的优点，并带来内在的成长，进而贡献社会；若是负向、有害地发展，就会透过贬损、批评别人的行为，来获得控制感，用优越感的假象来满足内在的深层自卑。

那么恐惧呢？它让我们试图否认，局限了我们内在真实的渴望，捆绑了我们将渴望从想象化为真实的行动力。

我们害怕失去关系，因为关系就是归属感、安全感和依靠的根据和所在地。

而说出真心话，勇敢表达，设定不容侵犯的界限，对于许多人来说，会激发他们内在的深层恐惧。

因为我们多半无法预期，对方的反应会是接受还是驳斥，是节节告退还是步步逼近。

这变成鸡生蛋，还是蛋生鸡的千古难题。孰因孰果，难以厘清。

▶临床心理师的处方笺

1. 用正确的方式满足欲望，克服自卑，成就真正踏实的优越

欲望本是中性，而追求优越也是天性，需要通过内在能力的成熟使其变得强大和深入。

例如，投入各式各样的专业学习或者心理成长课程，而不是通过践踏别人的自尊，剥削别人能量的方式，来获得暂时的优越。

反之，长期下来只会是无止尽的空虚、人际关系的疏离，以及最亲近的人逐渐远离。

2. 用合宜的方式转化恐惧，循序渐进，就会是正向的行动力

恐惧让我们即刻就想逃，一秒钟都等不了，所以最关键的是循序渐进，逐步修正和靠近。

在关系中相对弱势者，要表达内心想法或感受从来不容易，所以最常见的状态就是能忍则忍，最后就是忍了一辈子。

如果有机会，当这些人把内心的想法一股脑儿地全盘托出，往往是关系破碎、分崩离析之际。所以，如果可以，请趁早着手；如果可以，先从少量开始；如果可以，务必记得要在过程中持续提升自己，当你内在有了能量，才能足够笃定，去面对更深层的恐惧核心。

害怕失去关系，就要罔顾关系质量？害怕失去归属感，就得“割地赔款”，让他人得寸进尺？害怕失去依靠，即使这段关系摇摇欲坠，也要紧抓不放，让习得无助感逐渐成形？

以上这些问句都可以持续地反问，以提醒自己。

我们渴望成长，但是请记住，没有无痛成长这回事。如果可以不费吹灰之力，没有人喜欢悬梁刺股，勉力精进。

人类终其一生都在修炼欲望和恐惧。我们别误解字面上的意义，“欲望”和“恐惧”其实是中性词，就看我们如何运用以及诠释了。

欲望就是渴望，恐惧就是想要改善的起点和行动力。当我们内心成长了，内在富有能量，有健康的优越感，就不需要也不会从人际关系当中，有意识或者无意识地刻意讨好、逢迎、压抑或委屈，抑或嘲弄、贬斥或控制别人来显示自己很行。

若想获取良好的人际关系，前提从来都是从自身做起。

终止人际剥削的困境，更是从耕耘自己内在潜能，强大自己能量开始。

关系无法尽善尽美，但是关系却是一直能动态调整的。每个动态之间，都是改善的机会。请相信自己值得拥有高质量的关系，值得过属于你的美好人生。

婚姻真的只能这样了吗?

幸福的人生在于拥有良好的人际关系，但我们却习惯绕远路。

“老实说，婚姻也就这样子了。她在社交媒体上骂我，她向亲戚说的那些我对她的不好，其实都是子虚乌有。”

办公室早已作鸟兽散，年近五十岁的他，还不收拾公文包回家。聊起婚姻里的苦水，原本佯装洒脱的面容逐渐崩塌，接着男儿泪潸然落下，哽咽到无法自已。

“百年修得同船渡，千年修得共枕眠。你们还住在同一个屋檐下，这样的日子怎么过得下去？不跟嫂子好好聊聊吗？”我关心地问道。

“有用吗？还是忙工作吧！至少每个月有钱拿回去，孩子她也照顾得挺好的。晚一点，我跟老陈约好了在居酒屋碰头。要不要一起来？”他把话题岔开了。

你最关心什么？你最渴望什么？什么是你的人生目标？什么是你的一生追求？对这些问题，每个人“当下”的答案都不相同。

对我来说，幸福一直是我渴望拥有的，是我关注的焦点，是我的研究热情，更是我的一生追求。

然而，幸福是什么呢？每个人当下想到的，可能是富有、名声和成就，具体而言就是存款、豪宅、名车和事业。这些固然重要，因为我们都是凡人，我们都食人间烟火。

然而这些，不见得这么紧要。

因为我们更该了解的是，坚信这些目标很重要的人，接下来的人生会是如何；因为我们更该了解，有些其实是退而求其次，转移了目标。

哈佛大学“成人发展研究”第四代主持人乔治·华伦特（George E. Vaillant）博士，同时也是精神科医师、精神分析学者，他揭示了幸福的秘密，就是“良好的关系”。唯有良好的关系质量，才能让你活得更开心、更健康，两者兼具。

研究结果并不令人意外，但是研究过程却令人震撼。

不意外的是，人际关系会影响你的情绪和生活满意度，这论点早就可想而知，不会石破天惊。

震撼的是，研究历经七十五年，追踪大规模的样本，呈现出人类完整的生命周期，并通过质性访谈的方式再次告诉你，幸福的人生从来没有秘密，你现在追求的，没有你想象中这么要紧。你最该关心的，就在你的周遭而已。

也就是说，所有人际关系的质量，对你而言是最重要的。除此之外的追求（或者逃避），只代表了一件事，那就是现在的你，正在“绕远路”。

很多人活了大半辈子，走过了大半个世纪，蓦然回首才发现，自己的人生有一个很深的缺憾，而且这份缺憾、这个空洞不是金钱、地位和成就能够填满的。

幸福人生的钥匙曾经就在身边，但是不知不觉把它毁坏了；幸福人生的拼图，曾有机会拼贴和修补，但已错过最佳时机，剩下的只有无限的唏嘘。

结束一天的辛苦工作，窗外华灯初上，路上车水马龙，回家以后的你空虚寂寥，情绪低潮无法明说，只有冰箱里的啤酒、追不完的美剧，还有在线游戏，常伴左右。还好这些能让时间变快，所幸仍有地方能让你自己遁逃。

朋友：各忙各的，渐行渐远。男人之间总有竞争，说出心事就像是矮人一截，这困住了多少男人。

女人大致分成妈妈和单身两大族群。妈妈非常伟大，心思都围绕着孩子打转。单身族群讨论的，都是哪个男人不上心，三十岁以后的恋爱总是让人失望又伤心。所以多年好友逐渐陌生，甚至产生误会和嫌隙。

伴侣：王子和公主过着幸福的一生，这是童话故事的剧情，许多人婚后才开始如梦初醒。

白雪公主变成了管东管西的虎姑婆，白马王子变成了茶来伸手、饭来张口的公子哥，成天只会挑剔、鬼吼。有心事，不明说；有误会，总让人猜测；柴米油盐的乏味、日积月累的摩擦，加上各自增生的误解，让曾经最契合的两个人开始同床异梦，渐行渐远。

亲子：他们曾是爱情的结晶，如今只是维系婚姻的唯一。

世界上有没有好的亲子关系？有，但是不多，因为好的亲子关系，源自父母本身的成熟和觉醒。但是成熟的父母多吗？其实也不多，因为父母曾经是受伤的孩子，甚至“仍旧”是受伤的孩子。

成为父母本身就是一条漫长的学习之路，所以有些父母对孩子发莫名的脾气，把自己尚未解决的困难，带到孩子的生命里。因为不懂得如何与孩子相处，所以便用电子产品“喂养”孩子的好奇心，让自己能够休息，然而与此同时，自己也是玩手机，从来没有消停。

原生家庭：回家是一条最难走，但也是迈向成熟的必经之路。与父母的关系是一切的起点。曾经受伤的孩子，就是如今躯体形貌长大的我们。

有些人终其一生都在盼望父母的一句“对不起”，有些人持续与父母负气，错综复杂的过去、盘根错节的故事难以厘清，当然还有手足之间的关系，这一切都来自原生家庭。

你说，总有一天会处理；结果，往往都是“来不及”。

《哈佛教你幸福一辈子》一书揭示了想要“老得好”，就要学会原谅、感恩和喜悦。那么，我们可不可以从现在就开始呢?

▶临床心理师的处方笺

1. 面对和学习，关系才是你的幸福追寻

人不会因为年纪大了就自然成熟。成熟的关键是不断地学习新事物，并且让新的人、新的可能性走进你的生命。

俗话说“活到老，学到老”，其实应该调整为“学到老，活到老”。

只有秉持持续精进、终身学习的成长型心态，才能调整无效的人际互动，试着把有益的人际互动方式应用到日常生活中，也就是愿意学到老，才能好好地活到老，拥有高质量的人际关系，并且健康又开心。

2. 原谅无法处理的，感恩可以化解的，把喜悦带进生命

对于人际关系的努力，我们必须要有合理的目标，才不会徒增无谓的挫折，让自己更加困扰。

关系是双向的，所以努力也是双方的。无法一起努力的人，认清事实，也是必须。

为什么要原谅？因为要让你“早点”放过太努力的自己。

至于能够化解的关系，要心存感激，有时候那也是一种好运。

生命中总有许多种感受和情绪，希望喜悦是你生命中的主旋律。

当儿媳妇接到婆婆的催生电话……

当未来的婆婆说：“你配不上我儿子！”

那些既迎合又委屈的关系

“都二〇二〇年了，我依旧逃不了婆媳压力、妯娌竞争”

“我女儿是来讨债的”——亲子关系的恶性循环

无法自我肯定，才会习惯性地否定别人

第二章

女人之间的人际剥削

人生最大的痛苦，是先委屈自己，接着扭曲自己

当儿媳妇接到婆婆的催生电话……

保持“安全距离”，既能保护自己，也能让对方意识到你的界限。

“你到底打不打算生啊？还没有计划吗？”

电话那端传来家人焦急、催促又带着逼迫的声音，让你在下了班的傍晚疲惫不堪，同时烦躁、恼怒，欲振乏力，却又绷紧神经。

“生小孩是两个人的事啊！怎么都对我说啊？怎么都把压力丢给我呢？”

你揉着眉心，“揣”着散不开的烦忧，只希望这类美其名曰的关心和叮咛（实则是层出不穷的唠叨和压力）越少越好。

◎ 关于生小孩，女人总是比男人扛得多

催生的压力，已婚的女性大都承受过。进入婚姻的人，更能真切地感受到，因为全世界的人仿佛都有了许可证，可以来问候你的卵巢和子宫。

有趣的是，大家都说“婚姻是两个人的结合”，或者是“两个家庭的结合”，但是你会发现，关于生小孩这回事，女人总是比男人扛得多。

怀胎十月的所有辛劳，那些身体不适，吃不下，睡不好，或者为孩子好，一人吃两人补，只要能够让孩子拥有健康、不过敏的体质，任何毫无食欲的食材或补品，你还是一口一口地吞下去。

怀孕期身材变形，自信被摧毁，自尊遭受打击。因为我们都知道，这个社会对于美丽是如此重视。而当代社会所标榜的美丽，就等同于苗条、纤细，然而这与孕妇的身形完全背道而驰。

还有一想到孩子呱呱坠地，到底健不健康，在成长的过程中，与照顾者的依附关系质量又是怎么样，还有往后的所有开销：学费、生活费和额外支出，以及他或她可能面临的各式各样的问题，人际关系、学习质量和效率，还有快乐不快乐。

作为一个母亲，一个理想、称职的好母亲，这些压力在小

孩尚未落地之时，就已经如影随形地追随着你。

◎ 你对抗的是整个社会对女性的“压迫”

关于被催生，你说男人没有吗？有。但不会有你的多，更不会有你遇到的凶猛。

婆婆会问你，妈妈更是。婆婆舍不得给儿子施加压力，所以问你。岳母也不会，因为这仿佛在问候女婿平时恩爱几次，加上岳母面对女婿如同初恋情人，不只是越看越有趣而已，更多时候是害羞得紧。

身为女人，你势必会面临旁人难以想象的那种恐怖和张力。

你不生，怎么向人家交代？你不生，仿佛你的身体有问题。你不生，如何抵挡亲戚邻里的好奇和关心。

大家只会叫你生，没有人管你们夫妻早有共识。

大家只会烦扰你，因为你是女孩子。

你觉得委屈，你胸中的苦涩满溢，但是你说得再多，也是人微言轻，因为你对抗的是整个社会对女性的“压迫”。

明明是隐私话题，在这时却成了公众议题。而且要求你的人可能从来没有想过，生育有时还涉及“不孕”这个当事者既心痛又不便说明的难题。

女人仿佛背着十字架，要迎合外在的眼光，屈从世俗的要求，无论是原生娘家的、姻亲夫家的、街坊邻里的、远房亲戚的，还是隔壁同事的、直属上司的，甚至是无关紧要的闲杂人等。

你会发现，人人都说“我们是为你好”，但没有人知道，在你心中这些一点都不好。

唠叨，叨扰，这些扰人清梦的一字一句，都堆砌成为你心中无数根稻草，不知何年何月何日，就会彻底压垮你。

女人的为难有多少人知道呢?

接受更多教育的女性，看似选择变多了，变得自由了，然而同时角色也变得更多，随之而来的是责任、包袱、要求，甚至是自我期待。前三者来自外在，当然也有来自我们内在对于自我的期盼。

当外在压力和内在资源出现不一致时，就成了压力。

你可以试着看透这些话语背后的意涵，那些干涉底层的核心，并且持续辨识，刻意练习。

▸ 临床心理师的处方笺

1. 看穿家人背后的“善意”

这需要“学习”，而且要“刻意练习”，并且持续不懈地“提醒自己”。

很难、很辛苦，但这是必须的。

家人不一定是最了解我们的人，而是带着他自己的想法，他自己的人生经历给予我们指点。然而任何人的视野和人生经历，终究有局限，终究有盲点。

如果我们不去学习看穿家人的内心、背后的良善动机，那么最亲密的家人，就会变成距离最近的敌人；最爱你的人，往往也将伤害你最深。

2. 看透表面的“假议题”

很多时候，我们是跟随着对方抛给我们的刁难、挑衅、质疑、要求、命令、指责等在进行回应，还有起舞。所以，总是“一波未平，一波又起”，加上一波还能“三折”，你就更能感受到做人的艰辛。

人际相处犹如箭在弦上，分分秒秒都是如履薄冰。

有人认为婚姻美满的方程式是：生了孩子就是王道，有了后代就是解药。他们有自己的世界观和信仰，而有些人则是热衷于干涉别人的人生选项，所以每逢见面，必是耳提面命，甚至如同恫吓，但是你知道，社会变迁如此之快，教育制度总是一改再改，你有你的考虑和为难。

更重要的是，你的人生不是用来服膺别人的自我中心和教条的。

3. 保持“安全距离”，并不代表疏离

有些人朝夕相处，也有些人一日相处数小时，当然也有些人是逢年过节才会聚在一起。

无论哪一种人际关系，都免不了交集。远距离，还是近距离？只要让你感到芒刺在背，心里不舒适的，我们就该用心思考“界限”和“距离”。

恰到好处的人际关系，都有着适可而止的分际；过度涉入的人际关系，就让侵门踏户逐渐成形。

保持安全距离，不是让你失去这段关系，而是保护自己，同时也让对方清楚地意识到，你的尊严、你的选择不容小觑。

身为女人，多么美好，因为我们能给予别人细腻的体贴，温暖的依靠，所以别忘了，能够带给别人力量的你，更应该回过头关注到自己，还有你内心真正的需要。

当未来的婆婆说：“你配不上我儿子！”

丈夫是决定婆媳关系的关键角色。

丈夫必须有意识，并且及早在原生家庭与婚后家庭中做好区隔，界定好责任和范畴。

我们家庭的人际关系总是相当紧密，而其中亘古难解，总是有说不完的故事，并且许多人茶余饭后、左邻右舍信手就能拈来的话题，就是婆媳关系。

正巧，我刚看了一部相当精彩的浪漫喜剧爱情片《摘金奇缘》。里面的麻将戏完美地演绎了婆媳之间的角力，也让我想起在咨询室做心理咨询，或者亲友对话里，女人何苦为难女人，男人夹在中间左右为难的诸多案例。

“她根本就配不上我儿子！”

她说了这么一句，说的是与她儿子从大学三年级开始恋爱，至今交往四年的女友。

她的儿子目前正在攻读硕士学位，估计快毕业了，女生则在出版社担任编辑，其实倒也是勤恳、务实，就不知道为何让她如此眼里带刺。

“小两口不是挺好的吗？相处和睦，脾气也不错，两人挺般配的啊。”身为晚辈的我，小心翼翼地回答。

“般配？她才大学毕业！而且外形朴素，平凡不起眼，总之，与我没有眼缘！”

她喝了一口茶，顺了顺堵在胸口的那股气。

我回想起这位长辈的婚姻故事，尤其她所亲身经历的婆媳关系，就是一段辛苦的过去，甚至直到现在仍是。

她的婆婆生性勤俭，加上食量小，熬一锅汤、煮一顿菜都可以吃上几餐，而她只能忍气吞声，比照办理。

什么反复加热不新鲜，什么亚硝酸盐对人体有影响，厨房中没有她能置喙的余地，包括教养儿女。

曾经，她也是不被接纳的媳妇……

我们时常可以见到长辈挑剔晚辈喜欢的对象，甚至介入晚辈的婚姻，例如，还在交往期间，就尽可能地多方探询对方的条件。更常见到的是，提到自己的儿女如同珍宝，但说到对方的儿女，就如同稻草。

总觉得自家的孩子优秀非凡，别家的孩子只适合靠边站。想娶我家女儿，想嫁我家儿子，分明就是高攀。

举凡学历、收入以及开什么车都能挑剔，身高、体重、腰臀比，都列入考核项目，仿佛自己的儿女是巨星，没人匹配得起。

我们时常以为，当多年媳妇熬成婆，就会一改过去为人媳妇时，缺乏尊重和平等对待的关系模式。然而，我更常看见的却是，才刚交往，就看儿子的女朋友不顺眼，明示、暗示“这一个，妈妈我不中意”；如果已经结婚，婆婆看着媳妇总觉得不够温柔体贴、照顾不够周全，甚至想“若换我来，肯定里外照料都完美”。

我也不时听到，有些看似开明的婆婆说：“我把媳妇当成女儿。”这话乍听是一件好事，然而我观察了许多持此心态的婆媳关系，所谓当成女儿看待和对待，正是矛盾和吊诡之一。

因为，从精神分析的角度，母女关系本身就有着微妙的动力，甚至有着复杂难解的议题，截然不同于母子关系。

不妨来看看另一种婆媳关系。

“多子多孙多福气，妈相信你可以。两个不孤单，四个更热闹。”

婆婆堆起微笑，总是笑意盈盈，语气也很温柔，怎么看都是完美无比。

但是身为媳妇的她，心里却有些不自在。

怎么说呢？婆婆不时打电话跟她聊天，聊什么呢？就是她心中的期盼：希望早日抱孙，希望媳妇快点生小孩。或者她心中的不安：担心待字闺中的小姑、担心家里的开支、担心哪位亲友身体不适……

然而这些话，婆婆却不太会对儿子讲。

婆婆总说儿子工作忙，这些小事不用让他知道。反正男生粗枝大叶的，听了，帮不上忙，也可能让儿子心烦。

◎“矫枉过正”的友善，内心深处其实有着阴影在呼唤

有些婆婆非常多礼，甚至相当客气，连碗筷都不让你洗，是因为她也曾是受苦的媳妇吗？

她看起来开明，没有压迫，无懈可击。然而内心却是复杂的，有些“矫枉过正”的友善，有些“极力打造”的亲昵，内心深处其实有着阴影在呼唤。

我们内在深层的欲望，时常有着冲突相随做伴，诡谲神秘，所以难以辨析和觉知。因为它迂回曲折，变形过好几次。

努力营造亲密，想要当一个与时俱进的好婆婆，却使得内心真正的期盼不好明讲，然而那股矛盾的冲突和驱力，可能会化为另一种方式，用更间接、更隐微的方式，带给媳妇为难和无形的压力。

那股无形压力不至于笑里藏刀，而是在笑里隐隐夹带了，“我这么友善了，你若是太过自我主张，那么就是太不应该了”。

让为人媳妇的你，无论表态不表态，自己都像个坏人一般，相当为难。

往往介于中间，身兼丈夫和儿子两种身份的关键人，这时还像局外人，完全不知道他的婚姻里有着汹涌的暗潮。

◎ 父母曾经是受伤的孩子，婆婆也曾经是受委屈的媳妇

这一代婆婆们的辛苦，在于她们也正在觉醒。她们在传统和现代、他人和自我当中持续拉扯，所以动辄得咎，仿佛怎么做都是错。

许多婆婆，是传统父权社会下的命运承袭者，甚至是她的先生，也就是公公意见的代言和执行者。然而，就因为“婆媳关系”先入为主的魔咒，变成了女人与女人之间的战争。

其实，这是整体女人与父权社会的对抗，但是我们都错把盟友当成对手，继续内战，狼烟四起，哀歌不断。

▶ 临床心理师的处方笺

1. 超越传统和定型的婆媳关系

一听到婆媳关系，你的第一直觉是不是感受到了压力？

是的，这是深植于潜意识、先入为主且过时的预设立场，如同魔咒一般，并在不知不觉中变成了现实。

如果你和婆婆是在其他的情境里相识，你们很有可能是忘年之交，甚至是相谈甚欢的知己，但却因为“婆媳关系”四个字先置入脑海，所以你开始让自己如坐针毡，放大了你与婆婆相处和互动时的细

节，无论是婆婆的眼神、婆婆的表情，还是婆婆的一句话，甚至是婆婆说出口的一个字。

所以，适时拉回中性，别留意过度，甚至扭曲解释。

还有，觉知自己内心的期待。当期待过高或者不切实际时，紧张和焦虑也会相随而来。

2. 你们是“合作关系”，也是彼此的嘉宾

关键是身兼丈夫，同时也是儿子角色的男子。

没有他的存在，婆媳关系就无法建构，所以，婆媳关系是会变动的，会随着夫妻关系的变化而联结，或者解散。

过去的思维如同陈年窠臼，而身处关键位置的中间人，该清楚自己的角色和作用，有意识，并且及早在原生家庭和婚后家庭中做好区隔，界定好责任和范畴，让大家能够协同合作，而不是放手让爱他的两个女人如同宫斗。

你们因为他，才有了联结，所以他是钥匙，也是邀请函。也因此，你们是被邀请进入彼此生命里的嘉宾，无须委屈，也别再委屈。

别让婆媳问题延续下去，创造三赢的关系，需要三个人的智慧。

婆婆与媳妇不应缠斗个没完。21世纪的我们，应该换一种新的思维。

那些既迎合又委屈的关系

讨好与迎合，你究竟在恐惧什么？

归属感是最基本的安全需求。

看着她堆满一整张床，刚从捷克旅行带回来的相关伴手礼，有润肤乳液、面膜、去角质霜……还有各项周边商品。

我内心啧啧称奇，却又百思不解。

因为前阵子听她说与小姑不和，虽然不至于上演针锋相对、笑里藏刀这种宛如八点档的狗血剧情，但大致就是走在钢索上的姑嫂关系，讨好与委屈，纠缠又交织。

“不送可以吗？等一下传了出去，说我不会做人！更何况如果小姑跟外人聊起，哪个嫂嫂大方、得体又贴心。这场妯娌之战，我总不能现在就认输吧！”

她的语气一半认真，一半哀怨，但是较劲的心态，仿佛是古罗马竞技场里的角斗士。

我听了真是好笑又好气。家家有本难念的经，每种关系都有各自的难题，别人家常见的是婆媳问题，她的反倒是姑嫂和妯娌。

你是否也常常发现，有些人因委屈、不满、愤恨而抱怨连连的同时，反而更加付出、更加迎合，甚至是主动讨好、主动完成对方没有提出的要求，力求完美演出，力求人见人爱？

前一秒，觉得对方态度不客气，因而愤愤不平；下一秒，他或她却想方设法，想博得对方的认同和欢心。

浑然不觉，也看不见在两个极端中摆荡和拉扯的自己。

◎ 归属感不只是社交需求，更是安全需求

马斯洛著名的需求理论（Maslow's hierarchy of needs），从最底层依序到最上层，分别是生理需求（physiological needs）、安全需求（safety needs）、社交需求（love and belonging needs）、尊重需求（esteem needs），以及自我实现需求（need for self-actualization）。

安全感，不只是外头刮起狂风，落下暴雨，打雷闪电，能有一处挡风避雨，暂时歇息之地，这种具体可见的遮蔽。更多时候，是内心状态的反映。

缺乏安全感的原因很多。心理状态则是你觉得外在世界具有威胁和危险，充满未知和考验，内心惶惶不安，紧张焦虑，担心自己的行为举止可能动辄得咎，对人难以信任，对环境无法放松，时时上紧了发条。

时时觉得被人用放大镜检验着，即使外面风平浪静，但还

是随时备战，如坐针毡。

◎ 人生有一种莫大的痛苦，先是委屈自己，接着是扭曲自己

为了安全感、为了能有归属感、为了不被孤立，我们做了哪些事，借此获得内心寻寻觅觅的安定呢？然而，这却是仰赖外界的给予。

被称赞、被认同、被接受、被认为有价值，以上全部都是被动式。你的价值和位置取决于外在的评价和裁决，而这些都来自他人的主观评定，所以你的努力和收获不会是一比一等值，更无法论及公平。

所以，当我们为了归属感，持续追求外在的称赞、肯定以及认同，就会陷入没有尽头的牢笼。

即使早有了委屈的感受，但还是无视最真实的内在状态，压抑了最深沉的提醒和呼唤：你的负荷早已不堪承受。

超过能力的付出，掏空心理的余裕，你没有意识到自己的行为是在讨好，没有认识到这些讨好其实是多余的。

你只是扭曲自己，让自己身陷抱怨的囚牢。

我们也能更进一步剖析并深思，归属感的质量又是如何。

从被接受、被认可、被肯定、被赞扬，甚至被歌颂，越是

往下走，评价就越高。这里的意思是，被接受、被认可，等于能安稳地待在这个团体中，有六十分的水平；被肯定、被赞扬，等于在团体里的分数至少是八十分，受到喜爱与欢迎；至于被歌颂，则是进入被敬仰和追随的等级。

所以我们可以在人际互动里，看见各式各样的关系质量。当彼此在关系里，表现出友善、重视、珍惜、爱护、尊敬的对待方式，质量就属于高分的那一端。

质量低分的那一端，则是为了有个地方能去，不被孤立，无论关系已然多糟，例如屡被糟蹋、感到痛苦和委屈，也要紧抓不放，只求留在关系或者团体里。

▶ 临床心理师的处方笺

1. 拨开面纱，看见恐惧和不安的真实面容

恐惧与不安紧紧相伴，一体两面。

不屈就、不顺从、不讨好、不迎合，就会让我们失去立足的依据，减损自我的价值吗？这才是我们应该持续扪心自问、真正核心的议题。

我们不妨把场景拉回到小学时光，那是最早形成小团体的社会情境。三两同学各自成群，不同小团体有着不同的喜好和兴趣，这是正

面的部分。反面的部分，则是出现了霸凌的情形。

被霸凌的孩子，可能会以物质作为迎合的媒介、讨好的工具，希望能在此“安身立命”，缓解饱受欺凌的痛苦和困境。

可想而知，这样的方式只是在喂养和壮大霸凌者的胃口，对方更会予取予求；反观自己内心的恐惧和不安，其实不曾除去，仍旧是持续骚动并且隐隐作痛。

2. 练就“刚好就好”的人生智慧

我们都长大了，不只是生理和外形，内心的成熟也必须同时跟上。

你的及格是几分？你的刚好是多好？追求外在的认同，永远没有尽头，因为那是一个无底洞。获得了许多，就会还要更多，需要更多。

出外旅行回来，你会买遍各类伴手礼，分送给各处室吗？或者逢年过节，无论大小节庆都要送礼送得刚刚好，就怕有所疏漏，让人感到失望吗？

我们处在礼尚往来的习俗和社会文化中，然而“礼尚往来”的核心和根本，其实是平等与互惠。

平等，就是关系对等；互惠，就是你待我好，我待你好。

自我认同，是终极目标；外在认同，则是刚好就好，无须高标。

我们都需要看清楚，讨好不是以和为贵，迎合也只是透支自己。它是在累积下一波的汹涌怨气，还有掀起惊涛骇浪的风险。

我们都该看见，内心早就存在不满和怨怼。

讨好与迎合，是内心恐惧化成了外在行为的显现，它在提醒你，想要被认同、希望被接受，不想被孤立、渴望归属感的心理需求。

人人都需要归属感，人人都渴望能够自在翱翔，却又不失安全感，还能有所依靠。

练就“刚好就好”的人生智慧，等待着他人认同，那是被动；能够自我认同，必须主动。

我们都需要主动打造自我认同，把认同的主导权拿回到自己手中。

付出有节制，心理才有余裕。回到人际关系里，才不会战战兢兢，也才能拥有中性的眼光，进而看见别人的善意。

“都二〇二〇年了，我依旧逃不了婆媳压力、妯娌竞争”

“我曾经觉得是妥协，如今看来是牺牲……”

我们必须清楚自己的界限和底线。

别人没有要求的，你不用主动给。

别人要求的，你也要思考和判断，需不需要给，想不想给，适不适合给。还有，你可以给多少，给了之后，要不要讨回？

关于付出，不仅要量力而为，还要量心而为。

你还要有心理准备，因为最糟糕的状况就是肉包子打狗——一去不回。

◎ 在爱情关系里，是两个人在“妥协”与“牺牲”之间持续拉锯

我做心理咨询多年，在婚姻案例中，最常听到以下对话。

“我凡事帮他处理好，做到全。我嫁进这个大家庭，别说公公、婆婆，还有大伯、小叔、大姑及小姑，大伯及小叔也都结了婚，有儿有女，都住一起，你看这一家有多热闹。”

她开宗明义地说了自己对先生付出了多少，还介绍了故事发生的背景，是有别于时下的核心家庭，是三代同堂、手足们同住的大家庭。

“他却从来不曾帮我说话，不管是婆婆催生，还是大嫂强出头。什么事我都抢着做，讨好公婆。明明都二〇二〇年了，我却仿佛二十年前的女人，无法逃脱婆媳压力、妯娌竞争。我不知道该说‘我好后悔，不该结婚’，还是所遇非人？或是我

的抗压性有待提升？”

难得半年一度的姐妹淘聚会，刚新婚不到一年的她，说起婚后生活却一肚子苦水。

出生在台北，从小到大在台北求学、工作的她，婚后到了台中，不至于水土不服，但是婚后大家庭的生活却让她喘不过气来，几度萌生离婚的念头。

当然她也想过，若是有了小孩，婚姻关系可能会好转。但是身边朋友都劝她缓一缓，生养儿女事态重大，别病急乱投医，自乱阵脚，更加添乱。

有人说，在爱情关系里，是两个人在“妥协”与“牺牲”之间持续拉锯，中间有一条隐形的线。

仅仅是一线之隔，却是天壤之别，天差地远。

◎ 感情好的时候，叫作妥协；感情差的时候，叫作牺牲

有预期中的回报，那是妥协；没有预期中的回报，还被狠狠打脸，越来越后退，那是牺牲。

可是我们必须知道，感受都是主观的。评论和臆断也都是事后诸葛、后见之明的理解和诠释。

虽然我们没有足够的聪明，但我们可以秉持怀疑精神。对

于自己相信的、选择的、判断的，要保有弹性以及空间，能够修正和调整。

而不是一旦爱上了，一旦进入婚姻或长期关系了，就全面相信，全部交付，等到结果和预期不符时，又觉得痛苦不堪，美好的未来破碎，只能感叹命运不公，并且怨天尤人。

◎ 我们终其一生都在认识自己

当你回头看十年前的自己，我们多半会觉得当年的自己莽撞、青涩和稚嫩。当时的决策如今看来很天真，考虑不够全面和完整，有很大的进步和修正空间。

同样地，如果有时光机，如果十年后的自己能够看见现在的你，应该也会告诉你一样的话：要保持弹性，才有修正和成长的空间，千万别过度自负，形同天真。

在关系里，那些付出和奉献，是人性温暖和光明的一面，都是很棒的作为。

可是我们也得先掂掂斤两，哪些要求对我们而言，超过能力范围；哪些期待对我们而言，根本就是事与愿违；哪些竞争对我们而言，其实是渴望被认同，反而变成了对他人的忌妒和愤恨。

当我们还不认识自己，不够认识自己，甚至是抗拒认识自己时，这些折腾和困境都会让我们在关系以及漫漫人生里，反复绕着痛苦的圈子。

总是无法到达期待的彼岸，只能无语问苍天，自哀、自怨又自怜。

▶临床心理师的处方笺

1. 渴望与期待的反面，你更该了解

从小到大，不时有人告诉我们，要清楚地认识自己究竟想要什么，也就是，你的目标、你的计划清单、你的人生蓝图等，所有你“想要”的一切。

然而，我也听到很多人对我说：“我根本不知道自己想要什么！”所以浑浑噩噩地过了很多年。

无论是在求学阶段，还是进入社会，甚至连谈恋爱、结婚和生儿育女之后，到了奔四的年岁，或者已过了四十岁，他们还是满心问号，或者满腹懊恼。孔子说的“四十不惑”就像是嘲笑，更像是打脸。

持续做着没有天赋，也没有热情的工作，当然会感到度日如年。

进入一段事与愿违的婚姻关系。风平浪静的时候，感觉算是妥协；心生怨怼而惊涛骇浪时，感觉当然是牺牲。

思考自己不想要的，是厘清人际关系的重要环节，也是认识自我的过程。

如同删除法，每个人的渴望不尽相同；每个人的期待，更可能有天壤之别。

你只喜欢坐头等舱，进行奢华的异域之旅；她则偏好搭乘廉航，背着行囊，一步一步地完成她心中的古道之旅——马丘比丘。

没有对错，各自独特，也都是选择。

2. 减少关系里的误解，清楚自己的界限和底线

我们只有清楚自己不想要的，才不会把自己的牺牲，误解成妥协和配合。

对方也能早点知道，你的底线在哪里。他若超过和逾越，是冒犯，也是不尊重。

随着人生经验、历练和考验的持续累积，我们才会更清楚地看见自己的底线和界限。

界限和底线并不相同。

界限是画出一个安全范围，在里面还有尝试、缩小和扩张的空间，可以修正和调整；底线则是临界值，一旦踩到了，往往是引爆，接着是燎原。

可见，知晓自己不想要的，是多么重要。清楚自己的界限和底线，

减少错误决策，也减少关系里的误解，同时也能让认知和情绪失调不会频繁地出现。

我们都期待过好这一生。以前的人，多半是摸着石头过河，试错试误的机会多；但愿我们这一代人，手里能有一盏灯，帮助我们照亮前行的道路，让我们能够看得清楚，从而拥有满意的一生。

“我女儿是来讨债的”——亲子关系的恶性循环

孩子是敲开你成长过程中，那些心中秘密的陨石。

带给孩子的最好礼物，就是你自己的成长。

在那些恶狠狠、张牙舞爪的情绪里，有着受过伤的你，然而你已成为父母，你需要更多的勇气，才能探究深埋的成长心事；你需要更多的心力，才能梳理过去那些盘根错节，以及刻在你生命里的僵化亲子模式。

“我气到想要直接掌嘴下去！女儿那副刁钻、伶牙俐齿、你能奈我何的嘴脸，我看了就是一肚子气！她就是来讨债的！”

坐在咨询室里，我盯着她说话时凶狠的模样，听着她吐出来的“恶言恶语”。

我想，她恐怕从来不照镜子，自己此刻的模样，是多么地深恶痛绝，仿佛有着深仇大恨一般！

在这强烈的情绪里，不只是她谈论的孩子，还有着上一代留下来的阴影，在里面摇曳生姿，催化并加温她的所有负向情绪。

当然，她自己没有意识到，她的成长经历，原生家庭里的互动模式，以及她心底的伤，一直如影随形。

◎ 讨债、还债、报恩和报怨

我时常听到有人使用上面四种动词来形容亲子之间的缘分，以及关系。

但凡遇到难教养的孩子，大概就属于讨债、还债和报怨。例如，“孩子是来讨债的”，“我今生当她或他的父母，就是来还债的”。

简言之，除了报恩之外，其他都是悲情宿命。

遇到问题、遇到困难，我们习惯去寻求解释和答案，这是人类天性。因为解释和答案让我们能够拥有暂时的心安，不那么彷徨，不那么慌乱，不那么焦躁不安。

但是这些“答案”同时也在形塑你的认知，引导你的行为，强化你在关系里的态度和互动模式。

当我们对亲子关系有了僵化的思维、固定的答案，接着多半就会产生一种状况——不太会改变，不太想改变，也不太能改变已经运作不良的亲子互动方式，然后是恶性循环。

◎ 恶性循环的源头

当我进一步回溯她的成长过程和人生经历时，我看见她也曾经是挣扎的女儿，只是她选择了顺从，听从了家人的安排。

聪慧的她，没有继续上学，很早就去工作，让家里的资源都集中在她的弟弟们身上。

尽管她的大弟和小弟似乎也不是读书的料，对学习也不那么上心。但是那又如何呢？

重男轻女的社会氛围和家庭价值观，使得她只能把心中的不满、委屈和呐喊，曾经被牺牲的情绪，那些长年蓄积的能量，一再地保留了下来。

直到今天，冒了出来。

时时回头检视，你的成长过程有没有过相似的剧情，是刺激，也是共鸣。

“大的就要让小的”，“男生不能动不动就掉眼泪”，“女生不要太强势”，“小孩不要有太多自己的意见”……这些耳熟能详的话，现在仍是一代传一代，代代相传。

这些刻板印象及行为样板，仿佛是一种集体诅咒和社会暗示，即使成了父母，也会不自觉地重演。

我们时常错误地以为，受过伤的人应当知道该如何避开，受过伤的人应当明白不能重复相同的循环。其实，并非如此。

往往是变换了形式，以讨回心里的公道；也常常用错误的方式，去安慰内心的遗憾。

在上述这个案例里，有主见的女儿，活出了她想要的样子。

因为这里面映照出她满满的失落，而那是她，成长过程中的秘密。

▶ 临床心理师的处方笺

1. 检视成长过程中的伤，把它一片一片地指认出来

“看不见，但你依旧存在”，就是形塑着现在的我们的所有过去。

我们都是带着父母的爱长大，而爱里面有时也伴随着伤害，而伤害来自不够了解、没有能力了解，以及错待。

每个父母都曾是受伤的孩子，我们是，我们的父母也是。可是我们往往没有机会追本溯源，也没有时间和心力去修复，就成了父母，就有了下一代。

带着成长过程中的伤，鲜血仍旧汩汩流淌，其实尚未结痂。

怎么检视？这个检视的过程可能会诱发你强烈的情绪反应，会让你特别抓狂。

让你特别有感觉的话语、态度及行为，多半与你的自身经历有着密不可分的关系，无论是你很欢迎的，还是你很抗拒的；无论是你喜欢的，还是你讨厌的。

2. 让孩子照亮你自己，让他陪伴你再“长大”一次

身为心理治疗工作者，同行时常开玩笑说，咨询者就如同照妖镜，照见我们自己内在的问题。

对于父母们来说，孩子何尝不是？孩子会照亮你内心的幽暗黑洞，会激发你内在的潜能，带着你再次学习爱与被爱，完成一趟丰富的生命之旅。

当我们因为不习惯，当我们因为不舒适，从而排斥或抗拒时，我们推开的，其实是自己和孩子共同成长的机会。

为什么是“共同”成长的机会呢？因为你的成长，就是最好的示范！你的脆弱、你的坚强，你如何面对成长的秘密，你如何修复过往

的伤害，你如何跨越自卑，你如何认识并定义自我价值，你如何提升自我价值感，都是在给孩子做示范。

更重要的是，让孩子们亲眼看见，只要你愿意，即使到了现在，都为时未晚，而这也是成长型思维的另一种展现。

孩子是敲开你成长过程中，那些心中秘密的陨石。

那些在亲子关系里的摩擦、冲突与争执，那些你看了格外不顺眼，那些你看了立刻跳脚、恼火，并且一肚子气的刺激，都是富有深意的撞击。

你曾经很委屈、很受伤，你曾经很无助、很彷徨，让我们一起看见它，并且修复它。

带给孩子的最好礼物，就是你自己的成长。

过去的经验和遭遇虽然不可逆，但是过去的意义可以通过你的“现在”来重新定义。

陪伴孩子成长的过程，陪伴孩子成长的现在，都是你重新定义过去的机会；因为你可以决定成为怎样的父母，给予孩子怎样的对待和关爱。

让我们终结亲子关系中的恶性循环，让我们的亲情不再有剥削，没有夹着藏着过去留下的伤害，此时所给予的爱，才是“真正的爱”。

无法自我肯定，才会习惯性地否定别人

一个无法自我肯定的人，会依附别人的存在和价值，甚至想要控制别人的人生。

我们时常讨论“自我肯定”，也都同意自我肯定的重要性，尽管我们总是期待他人能看见我们的辛苦，对于我们的付出、努力、表现、成果和价值能给予肯定，给予外界的掌声和奖励。

“我真的这么糟糕吗？在他妈妈眼中，我一文不值。他妈妈嫌我屁股大，只有硕士学历，说我永远配不上她儿子！”

她哭得一把鼻涕，一把眼泪。

原本以为只是一场温馨的家庭聚会，她以“女朋友”的身份来见一见未来的家人，让彼此多一些了解。一心期待男友的妈妈，也就是未来的婆婆会喜欢她，没想到却是一场鸿门宴，她被彻彻底底地“洗脸”。

“什么时代了，还有这样的门户之见？硕士也看不上眼？我想他应该跟大户之家联姻，就看他有没有这福分！”

我用了夸张的比喻回应，希望她能破涕为笑。

虽然我知道，这个时候的她，心情无论如何都好不起来。

“他妈妈根本就是宝妈，把自己的儿子当成无价之宝，别人的女儿就像瑕疵品。你评评理，帮我分析分析，他妈妈的心理是不是有问题？”

说着说着，她的情绪低落和自我怀疑化作了一股悲愤之气，也越讲越生气。

我们时常看到，在关系里，有人总是摆出高人一等的姿态，毫不遮掩，夸张一点的人，还会恃强凌弱。

我们时常以为目中无人的人，瞧不起别人的人，压榨别人的人，嘴里说着“你配不上我儿子”“你配不上我女儿”的那些人，看起来自信满溢，骄傲无比，但其实那是骄，并非傲。

因为“傲”是不屈服、有骨气，还有自信。自信，是指相信自己，带着尽量客观的眼睛，态度从容并且谦逊，不是通过踩别人来彰显自己的高度，也不是通过轻视别人来凸显自己的见识。

◎ 真实的自信，除了要有深刻的自知之明，也来自“自我肯定”

老子说：“知人者智，自知者明。”自知之明，知道自己的长处和短处。长处让你站得更稳，短处让你持续学习，进而修补。所以当有人批评你时，你知道哪些部分是子虚乌有，哪些部分是被过度检视或扭曲；哪些是指教和提醒，只是他用了犀利、尖锐的方式，让我们不好受，但却是一针见血，指出我们的盲点和问题。

有了自知之明，接着则是要能够自我肯定。为什么这么说呢？

有些人即便知道自己的长处，拥有哪些优势，但仍旧有着不确定和自我怀疑。这好比一个人住在仁爱路豪宅，却记挂着自家的坪数比邻居少了一半，总觉得不够富有，还不够安全和踏实，汲汲营营着还要赚更多，持续焦虑和忧郁。

自我肯定是指你先看见了自己努力和成长的轨迹，并且把合适的目标作为参照，能够肯定自我表现，并且能够肯定自我价值。

过程中的一点一滴，累积成你内在的能力，那是别人夺不走的，也是你真实拥有的。

别人的误解，别人的批评，也许会动摇你，但那只是暂时的，也许会勾起不快的情绪，也许会让你怀疑自己。但是持续积累底气，你的货很真，你的价很实，终究会让明眼人看见你、信任你。你对于自己，也会更加确信和肯定。

◎无法自我肯定的人，总是希冀着别人

无法自我肯定的人，总会抓着一个标的。例如嫁入豪门，鱼跃龙门；例如生下儿子，母凭子贵；例如孩子成绩优异，父母很有面子。

但是你会发现，这些都来自"别人"。

无法自我肯定，所以依附别人的存在和价值。他们必须紧紧抓着，牢牢握着，甚至进而想要控制别人的人生，因为这样才能安心，才能踏实。

所以，一旦有人发出威胁，可能压到了她的警铃，踩到了他的警戒线，他们就会升起防卫。

他们难以松绑自己，也难以放过别人，甚至在关系里剥削别人。

这样的人，往往缺乏自觉。他们不知道自己内在空洞而匮乏的那一面，他们也不知道这一面对于关系的破坏和撕裂是如此之深。

在传统家庭里，亲子关系总是很紧张，因为孩子背负着父母的冀望，需要去完成父母未竟的心愿。

希望孩子扬眉吐气，希望孩子功成名就，希望女儿嫁得人人称羡，希望儿子娶得门当户对。

父母本身若是无法做到自我肯定，就会把孩子的价值作为自己的价值，把上一代的问题延伸到下一代。

因为我们多半会从“其他”关系里，补偿过去在关系里无法拥有的正向情感，或者试图矫正或摆脱负向情绪。改写自己曾经无能为力的经历，用很间接的方式抚平受伤的情绪。

因为在过去的关系里，自己是恐惧、受制于人的角色，直到现在仍无法施力和阻止，所以转向下一代，这种相对安全而又可控的关系。

自信可以从许多角度来切入探讨，建立过程是循序渐进的，但是可以有多种途径，自我肯定就是其中之一。

能够自我肯定的人，会拥有真实的自信，能够从容不迫，能够尊重别人的独特，也能看见别人的价值。

他不会因为受到威胁，就轻易升起防卫；他不会因为敌人环伺，轻易就竖起高墙；他也不会将过去未完成的遗憾、不被肯定的失落，转嫁到另一个人身上。

▸ 临床心理师的处方笺

1. 看见“矫枉过正”的作用力

在心理疏导中，时常需要回溯咨询者的成长经历，并纳入整个家庭系统，也就是从家族成员与自身关系来进行通盘考量。

通常，剥削别人的人，也曾经是被剥削的人。父子关系、母女关系、婆媳关系、夫妻关系等，都相当常见。

有一部分，则是矫枉过正。我们不时看到有些受过苦的人，会尽心尽力去避免，不希望成为复制悲剧的人，结果还是无意识地走上了相同的道路，演出了换汤不换药的版本。

有时，不得不惊叹生命的安排、关系的巧妙。

像是后来在亲密关系中，伴侣看见自己矫枉过正的部分，例如，妻子看见丈夫盼望着老父亲的认同，因此影响了与年幼孩子的互动，所以指出了丈夫长年未解的心结。

但在此之前，丈夫往往是否认，甚至引发夫妻之间的冲突和纷争。

如果我们都能够觉察，看见并且调整关系中的作用力，就不会把生命中的菩萨变成恶鬼。

2. 自我肯定，需要持续积累的底气

自我肯定不是无中生有。不是躺在床上，坐在沙发上，心中默念“要肯定自己，要有自信”，重复几句就能达成的。

心理层面，要有合理的期待、参照和标准；行为层面，则是要实际执行、付出努力。缺一不可，相辅相成。

持续积累底气，就是你的内在资本和实力，也是作为支持自我、

内在稳固的基石。

它是消耗品，因为不被肯定，被人怀疑，被人轻视，都可以消耗和动摇我们对自己的认知和确信。

自我肯定，才不会如同水上浮萍；自我肯定，才不会进退失据；自我肯定，才能放过别人，并且松绑自己。然而这一切，都需要我们持续积累底气，作为自我的完整支持。

妥协和顺从："你怎么能让我失望？"

语言剥削：把最难听的话，"送"给最亲的人

父母等待着孩子的感恩，孩子却等待着父母的道歉

为何我们总对家人最敷衍，却对外人比较好？

为什么许多长辈竭尽所能，隐讳地讨好儿孙辈？

解决问题：如何避免过度的关系负荷？

情绪失控的父母："爸妈总是在第一时间对我怒吼……"

如何找回原生家庭里曾经缺失的爱？

第三章

亲情里的人际剥削

那些以爱之名的期待，以血缘为由的枷锁

妥协和顺从："你怎么能让我失望？"

牺牲，不是孝顺的唯一选择。

我爱你，但同时我也想过好我的人生。

以下的情节，在你我的生活中，应该不陌生。

"爸爸为了你早出晚归，工作这么辛苦，你还不好好练琴，只想着看动画片。照我说的做，才是乖孩子。"

看着相差一岁，在一旁开心玩耍的弟弟，你的心中有着许多恼怒和不平，还有更多的罪恶感在心中翻腾。

凭什么只要求我听话？为什么只有我妥协、顺从父母的安排和旨意，弟弟却可以半途而废？

弟弟可以自己决定学不学钢琴，因为他更有兴趣更擅长的是体育，而我明明不喜欢弹钢琴，喜欢画画，却要压抑真正的兴趣，去成为父母心中和亲友邻里眼中的音乐才女。

你是否在长大以后，不管是结婚对象，或是工作、职业生涯选择，你的父母都与你持相反意见，甚至你的父母也想要轻重不等地干涉和介入。

例如，他们对你说：“梦想哪能当饭吃？你快三十岁了，怎么心理还这么不成熟。还有，你上次带回家的女生，爸妈觉得不合适，学历也差你一截，交往还可以，但是要结婚，就万万不行。”

你想孝顺，但不想顺从。

你听起来不仅烦恼，甚至一肚子火，不知如何是好。

◎ 亲子之间怎么会有剥削？

什么是人际剥削？

在人际关系中，通过不公平的方式，让人感到不愉快，甚至是用残忍的方式压榨对方，从而达到自己的目的。这就是人际剥削。

有关剥削，从马克思理论来看，劳动阶级以低于实际价值的工资为资本家工作，出售自身的劳动，而资本家则是剥削了劳动阶级的成果所有权，并且聚敛了剩余价值。

《梁书·贺琛传》：“故为吏牧民者，竞为剥削，虽致赀巨亿，罢归之日，不支数年，便已消散。”这些揭示了剥削的核心，那就是上对下、强势对弱势的相对关系。

◎ 避免人际剥削之所以重要，是因为“我们都想过好我们的人生”

剥削是权力高的人，去要求、压榨没有权力或者是权力相对较低的人。

若是两个好朋友相聚，不太会出现人际剥削。因为今天我请你吃了一顿肯德基，下回我要你请我米其林三星时，你一定会立刻拍桌子走人，剥削因此无法成立。

所以，一旦有着权力位阶的人际关系，就有可能出现人际剥削的情形。因此，“人际剥削”的关系常见于：

- 父母对子女。
- 老板对员工。
- 强势伴侣对于弱势伴侣。

避免人际剥削之所以重要，是因为“我们都想过好我们的人生”。

若想要过好一生，就不能忽视围绕在我们身边的人际关系，尤其是从小到大，一生相随，最紧密，也最无法割舍的亲子关系——父母和子女。无论是以关爱为名，但却不切实际的期待，还是以血缘为名，但却窒碍一生的枷锁。

▶临床心理师的处方笺

1. 觉察：并不是生你的人，就是最了解你的人

当面临人际剥削，我们习惯先投降，想在关系里当个顺从的好人，其中的很大一部分原因，是我们潜意识里的自我就是矮人一截，所以觉得自己没有表达真实意见和想法的权利，当然也就没有“谈判”的筹码和空间，但这往往有很大一部分是画地自限，甚至是自我设障。这是潜在的自我矮人一截。

怎么说呢？如果你是果农，虽然你明知自己种的瓜很甜，但卖相不佳，自然就失去推销的信心。如果你是孩子，虽然你明知自己对音乐没有兴趣，你喜欢体育，热爱运动，一心想去球场厮杀个几百回合，操场跑个十几圈，都胜过五线谱对你的折磨；但一想到爸妈的耳提面命，或者已经“砸”下去的学费，你就觉得自己的兴趣好像有点逊。音乐艺术比较厉害、不同凡响，然后就继续认栽。

很多时候，你不争取，你不明讲，别人真的不了解，父母同样如此。父母不会因为生养了我们，就会成为最了解我们的人。

人多半需要外在反馈，才能看清自己的行为、表现哪里需要调整和修正。

2. 思考：考虑你能做到什么程度

不让你为难的，你配合。你做得到的，你考虑。

人生可以很纠结，但也没有这么多的纠结。怎么说呢?

如果是做起来不为难的要求，那么就顺手做了吧，皆大欢喜。当然这也代表对方的要求是在你的能力范围内，也就是你不用过度费力（打肿脸充胖子），甚至扭曲自我就能做得到。

我们一直有着光宗耀祖、使命般的诅咒。我们做的一切，无论是课业学习、选择伴侣、工作和职业生涯规划，都要能够上得了台面，让父母在亲友面前能够扬眉吐气；所以父母期待儿女有优异表现，儿女希望自己不让父母失望，就成了今生最深的桎梏。

好的发展，将会皆大欢喜；但若是不好的发展，就成了痛苦的亲情循环。

3. 表态：表达我不想顺从的部分，破坏假象的和平

表态也就是执行。我认为最困难和关键的一步就是表态，因为我们都希望能够损失最少，获得最多。一旦表态，可能让我们失去原有的优势和利益。即使是假象的和平，也让人不想失去啊!

可是生活就是如人饮水，冷暖自知。我们保留了不想失去的，同时也阻绝了渴望获得的。可能是机会，可能是选择，当然也可能是这一生的自由。

我们相当讲究伦理和孝顺，然而孝与顺有时是相互抵斥的。

不同时代，不同社会环境，不同的个人条件、状态和阶段，还有未来的趋势，都无法以不变应万变，用过去的做法应对未来的局势。

我相信天下的父母都希望儿女过得幸福，不希望儿女的人生过得愁云惨雾。但是当你的幸福和父母认定的幸福出现冲突和抵触时，你必须学着长大，负起责任，有意识地做出选择。

你真心渴望的人生，你真正想要的生活风景，必须勇敢和坚持，那才是真正的孝顺，并且是有智慧的孝顺。

语言剥削：把最难听的话，“送”给最亲的人

话若无法说得动听，至少不要难听。

用词透露出关系里的权力，还有“位置”。

“你怎么这么笨！连一杯饮料都拿不好，笨手笨脚的。我当初一定是鬼遮眼，不然怎么会娶了你！”

这是夫妻对话。

“你看看王妈妈的女儿这次考试突飞猛进。我花了这么多钱，让你补习，补了这么多门功课，你到底是补到哪里去了？不要跟我说网飞（美国的一家播放平台）的《你的孩子不是你的孩子》，那都是戏。妈妈若不是为了你好，担心你以后没有竞争力，我才懒得管你呢。”

这是母子对话。

“你穿成这样，走在一起真是丢我的脸。拜托你翻翻《GQ》，学学里面的型男穿搭风格。你现在的样子真是土爆了，让我怎么跟姐妹淘介绍你是我的男朋友？”

这是情侣对话。

带着笔记型计算机，静静地坐在咖啡店一角的我，听到三段对话。

内容虽然不同，但都是上对下的“位置”和关系。

一个颐指气使，一个听话认命；一个自以为是，一个强忍压抑；一个傲慢无礼，一个丢脸丢到了太平洋。

为什么说的人毫不自知，听的人却痛苦不已？

我时常思索：“把一句话好好地说出来，有这么难吗？”实际上，就是有这么难。

困难到“说的人毫不自知，听的人却痛苦不已”，然而这又随处可见，是所有人际关系里最难念的一本经。

如果内涵是关心，本质是善意，能不能如实地表现在语气、行为和态度上呢？而不是用恶毒的形式、尖酸的言语，把好好的一段话如此传递。好好说话，不添油加醋，不拐弯抹角，也不必使用尖刻、恶毒的语言。

关系里的权力和“位置”，让各种关系很难存在平等。

例如，所有我们知道的称谓，父母对于子女，丈夫对于妻子，姐妹对于兄弟，学生对于老师，同事以及上司……这些基于血缘、婚姻、职业及各种社会文化承袭下来的机制所带来的关系称谓，有些乍看之下，是对等与平行，例如夫妻、情侣、手足和同事，但实际上，都有着上对下的互动实质。

别再用“其实他也是为了我好，一定有我没有考虑周全，没有做好的地方”来麻痹自己，没有人乐于待在下位，多半是碍于形势，不便发作。还有我们的文化相当常见、习惯并且推崇的“客气”“不好意思”，所以会先忍耐先压抑，看似若无其事，甚至有些人的忍气吞声连自己都毫不自知。

他们常常会用“以和为贵”“我是为了这个家”“其实他也是为了我好，一定有我没有考虑周全，没有做好的地方”来安慰或说服自己。

因为听起来冠冕堂皇，因为听起来是为人着想，所以更容易让关系里的人际剥削披上多层面纱，怎么看都看不清楚；甚至如同病菌的潜伏期，会在将来某一天发作现形，或者大爆发。

▶临床心理师的处方笺

1. 正视你的不舒服，承认你的负面情绪，无须“不好意思”

我们的文化并不鼓励我们为自己积极争取，是的，就是为自己。

如果是为了大众福祉，如果是为了别人的利益，就站得住脚，容易被接受，并且还特别中听。所以当我们听见有人对我们说了无礼，并且难听的话，第一时间能够端正己色、纠正对方的人，通常是少之又少。

另外，就是许多人错误理解了“关系界限”，以为我们如此亲近又亲密，当然是可以直接说出口，或者可以这样说。

关于这点，我们可以进一步发问：直接说、可以这样说的权力是谁赋予的呢？其实，没有人。那么，听的人，例如你我，难道就活该这样听，并且全盘接受吗？难道不能拿起扫把，把这名无礼的不速之客赶走吗？

还有，直接说、可以这样说的更深层心理状态并不是亲密，而是上对下的权力，还有我高于你的位置。

任何关系都有界限。所以，血缘关系不是用来踩线的名义，伴侣关系更不是用来考验别人底线的工具。不是你与我朝夕相处，或者天天见面，就能有剥削别人的权力，并且享有特殊待遇。

尤其是父母对待子女，很难有清晰的界限感，情绪也是相互混杂。所谓的对事不对人，就事论事，只是纸上谈兵，无法冷静，也很难具有理性。

2. 接纳自己的软弱和脆弱，逐步走回你想要的“位置”

这点无法一蹴可就，也没有好运加持。软弱和脆弱是每一个人都有的心理特质，只是每个人会在不同时间、不同事件、不同层面和领域表现出来，或者特别显著。

我们的社会更加排斥男性表现出与“弱”有关的所有特质。柔弱、软弱或脆弱，一旦被发现、被侦测到，就被贴上了一个大大的标签——“你是 LOSER”，令人避之唯恐不及。

我时常看到，男性中不少人活了大半辈子，开始认识自己之后，才敢面对和卸下这层枷锁。

我们都是一步一步找到并走回自己真正想要的“位置”，不被剥削，不再委屈。

剥削者：在关系里恃强凌弱的人，并非真正的强，而是他或她必须寻找一个地方，有一个对象去彰显，去表现自己的强。

说难听的话，批评、支配、控制或指使，都是权力的展现，因为人都需要掌控感（或者可以称作控制感）。

然而，当生活当中的其他人或事物不可掌控时，就往往转向可以控制的，例如身边表现顺从或者相对弱势的人。

被剥削者：在关系里顺从、忍耐的人，有许多委屈和辛酸。我并非鼓励大家挑战权威，甚至刻意作对，因为那只是为了反对而反对，而是当这些“指教”言过于实，甚至扭曲事实，并且语带羞辱和贬义时，我们能不能有所觉察，并且辨识，同时认识自己隐约骚动、愤愤不平的情绪，也看见自己在关系里的“位置”。

更甚者，它会内化成为自我概念以及价值感的一部分，因为这些用词很容易被无意识地接受，并且被视为他人对于“我”的评价和了解（即便是错误的）。

语言很有力量，但它是带来正向、激励、改善和成长的力量，还是带来负向、削弱、恶化，甚至是摧毁的力量？这就依赖于我们的觉察和自省（无论是听别人说，还是说给别人听，尤其是说给自己听）了。

父母等待着孩子的感恩，孩子却等待着父母的道歉

善待自己，照顾好自己。

你无须再用“别人”来完整你自己的生命。

“说实话，好几次我都想放弃了。她在社交媒体上骂我，她跟亲戚说的那些我对她的不是，其实都是子虚乌有；她说我强迫她拿掉小孩，其实逼她的人是她男朋友……”

咨询室里，年近五十岁的她说着离家出走、高中辍学的女儿，原本镇定的面容逐渐崩塌，接着潸然泪下，哽咽到无法自已。

她是一位单亲妈妈，从家暴的婚姻中抽身，接着努力工作，从小吃业开始做起，独自抚养女儿。

她细数着过去在婚姻里的日子，曾经是幸福、和睦的三人小家庭。然而，前夫中年失业，酗酒，萎靡不振，开始对她和孩子怒吼、摔遥控器，还有砸东西。

女儿从小就很贴心，跟她相依为命、互相打气，然而，进入青春期之后，女儿交了男朋友，母女间开始有了隔阂和距离。

她说的话，女儿不想听；女儿说的话，她觉得就是不懂事。

莎士比亚的经典名著《李尔王》曾说，孩子不知感恩，比蛇的利牙还要伤人。

孩子的心里有哪些伤，有多少伤，来自哪里？是亲子关系里最直接的错误对待，还是父母失和、感情恶劣带来的影响，抑或更广泛的人生经历所催生的伤痛？

孩子的感受和诠释是什么？生养他们的人，最爱他们的人，甚至也是生活在一起的人，并不一定有能力了解孩子的感受，以及能够化解孩子面对的困难，甚至有可能是父母亲手制造了孩子所经历的最大困难，如同无形的枷锁，伴随孩子一生。

◎ 父母等着孩子的感恩，为了你，我牺牲了那么多；孩子也等着父母迟来的道歉

亲子之间仿佛有一道无解的亘古难题："我最爱的人，伤害我最深。"在亲子关系里，最无语问苍天的喟叹。

家庭问题盘根错节，每个人都有自己的委屈。源头到底来自哪里，多数说不清，然而一旦认定，并且深信不疑，就成了难解的心结，从此生了根，关系变得僵固和扭曲。

◎ 亲子关系：我们的痛苦有着联结，我们的理解没有交集

父母等着孩子，孩子等着父母。你等我，我等你，没有人愿意跨出第一步，因为大家都有脆弱的自尊，还有无意识的防卫在作祟。

持续顽强地抵抗着，仿佛竞赛一般。只是这个比赛的标准，比的是“慢”，而不是“快”。

把主动示好当成了示弱，把理解对方当成了低头，然而僵持原地，持续踏步的结果，就是“来不及”。

在经济和社会结构快速变化、离婚率越来越高的当下，婚姻关系中的背叛、家人之间的精神虐待及肢体暴力频传，孩子体验到的氛围、耳濡目染的价值观，成了破坏性的种子。

离家逃避的父亲，控制欲高涨的母亲；蛮横无理的父亲，忍气吞声的母亲，在婚姻关系里的无能为力，转变成亲子关系里的最高权力。我们常见的亲子关系里面，存在着以爱为名的控制，一切都是为你好的压迫，还有不切实际，甚至过时的期许。

然而，你会发现，这些来自父母的控制、压迫和期许，其实也困住了他们自己。

他们做着事倍功半的付出，走错了路，也用错了方式。

最重要的是，他们失去了孩子的心。

这不是他们的初衷，却是必然的结局。

至于孩子呢？有些人从手足无措、双脚颤抖，长成了背负十字架的大人，终其一生都困在阴影里，任何考虑和选择都无意识地受到钳制。

有些人则是满腔愤怒、压抑忍耐，一旦有了行为能力，就转身遁逃到天涯海角，成为漂泊的浪子。

回家？目前的他不曾考虑，也不想考虑。当然，这些也是防备和抗拒，不是洒脱，更不是帅气。

▸ 临床心理师的处方笺

1. 时间就是最伟大的魔术师，用它来“完整”你自己

在这段漫长的时间里，我们不是沉睡的白雪公主，更不能坐以待毙，束手就擒，而是要先回过头来照顾自己，检视以及修复自己未曾愈合的伤口和疼痛。

理解对方，要有余裕；找回交集，要有能力。

人际关系里的痛苦，多半来自我只看到自己的痛苦，或者，我觉得自己的苦远远多于对方的苦，这都是“我执”，所以从现在开始，试着不再执着于自己，或者少点执着于自己。

善待自己，才可能同理别人，因为我们无法给予对方连自己都没有的东西。

当你变得“完整”了，才能具有弹性，才不会执着于单一方向、单一结果以及对方必须有所回应（尤其是我所想要的回应），即你不需要用“别人”来完整你自己。

当你善待自己，照顾好自己，你给出的爱，才会轻盈而踏实。

2. 有“情”就是一切关系的地基

血缘关系定义了亲子关系，可是真正让人想要回去的家，想要靠近的地方，却是因为情之所在，心之所系。这才是我们真正的“羁绊”和联系，不是血缘，更不是法定关系。

有些人在成长过程中的友情里，在离家以后的环境里，反而体验到远远超越亲情的温暖和价值。

为什么呢？因为被深度同理，被真正关心，被照亮内心深处幽暗的角落，被照料到埋藏多年、难言的委屈。

那么亲情呢？在所有联结的痛苦里，其实都有着我们心中的盼望和期待，因为爱的反面不是恨，而是漠不关心，毫不在意，你的一切与我无关。

所以，你心中有情，就要用正确的方式灌溉它，要用足够的时间照料并等候它，它才有机会长成你我都赏心悦目的样子。

在结束咨询的那天，分不清楚她脸上是笑中带泪，还是泪中带笑，但是她能比较从容地与我分享她现在对于女儿的想法和心情。

她说：“虽然不知道这一天什么时候会来到，但是这扇门永远为她开着，这盏灯永远为她亮着。只要女儿有天愿意回首，就会看见妈妈还在这里，等着和她团聚。”

为何我们总对家人最敷衍，却对外人比较好？

爱是一种错觉。

熟稔易生侮慢，从来不是新鲜事。

“你不是答应过我，这次我陪你回台中婆家过端午，下次换你陪我回台南娘家过中秋，早就说好了，不是吗？”

Maggie 气冲冲地对老公说。

“哎呀！这又不是什么大不了的事！我只是忘了嘛！我刚刚跟爸妈说好，今年中秋节带他们去日本玩，你没看到他们那副开心的模样吗？难道要我刚开好‘支票’，就对老人家反悔吗？”

Josh漫不经心地回应着，眼睛继续盯着足球比赛转播，全身热血沸腾得不得了。

这回到底是墨西哥爆冷门胜出，还是卫冕冠军德国继续获胜？注意力全神贯注在眼前的赛事，Josh浑然不觉身旁的老婆已经火冒三丈，怒不可遏。

“这又没什么。”“有什么关系。”“这样还好吧。”“等一下会怎样。”“有什么好计较的。”……我们是不是常常在亲密关系里，听到这些话？又或者我们也常常说着以上的话语，搭配着漫不经心的态度，回应着最亲近的人呢？

爱是一种错觉，让人以为拥有了特权，似乎让你可以对你爱的人，还有爱你的人予取予求，软土深掘。

人际关系更是一种美丽的幻觉，但现在的拥有，从不代表能够持续到永恒；现在还可以，不代表日后不会烂尾。

◎ 对于关系，我们都有一种怠慢，还有一种傲慢

怠慢的是，越是亲近的人，越是可以慢慢来。

傲慢的是，我们天真地以为，关系绝对不会更改。

因为，我的一举一动，我的态度表现，对方都会照单全收，

毫无怨言。

所以，对情人承诺的、跟家人约好的，无论大事、小事，无论轻重缓急，我们多半等闲视之，觉得没有什么大不了。

人们多半会有一种毫无根据的笃定。确信最亲近的伴侣，绝对不会走；相信最信任的家人，一定会包容我。这样的心态是浪漫，也是天真，更是自我中心倾向的最好例证。

所以我们时常会看到，家人千交代、万交代的重要事项，往往会疏忽去办，甚至一延再延，直到过期。

然而，答应外人的事，哪怕优先序无关紧要，重要性微不足道，甚至这所谓的外人是隔了八条巷子，前些时日才刚认识都称不上熟识的老李老陈老王，自己反而会准时交办，并且尽力做到高质量。

◎ 那些人际剥削的人，可能是家人，也可能是亲密伴侣

最早的时候，他们对人际剥削选择沉默，是基于信任，相信对方自己就能够改正。到了后来，还是沉默，是因为早已放弃。最终的沉默，是害怕失去关系。这些关系里的互动，其实都为“冰冻三尺，并非一日之寒”一次又一次地埋下了伏笔。

网络上流传过一句有趣的话，世界上有一种冷，叫作“妈

妈觉得你冷”。那么，在亲密关系里，有一种满意，是“只有一个人满意，却以为对方也是相同心情”。

所以时常见到许多人，把侮慢当成幽默，把刻薄当成有趣，把无礼当成亲近；明明自以为是，却当成将心比心。

人往往是这样，得了便宜就卖乖，给他几分颜色，立马开起染坊。即使侮慢了对方，甚至已经濒临羞辱的边缘，有些人仍旧是毫无所觉，还扬扬得意，沾沾自喜。

◎ 怠慢、侮慢持续累积，人际关系的崩坏正是由此开始

关系里的变化大致如此：刚开始只是不经意，偶一为之，然后变成得寸进尺的惯性。从刚开始的体谅、包容，下不为例，变成没有尽头的委屈。

在关系里，痛苦不堪的人不停思索着，而咨询室里的咨询者，也时常跟我讨论一个问题，那就是：“关系的崩坏是从什么时候开始的呢？”事后回溯，往往已经模糊不清，而多数时候也只是自己的心理印象而已。因为他有他的版本，你有你的剧情。

自以为是，说着尖酸刻薄的言语，却还振振有词；怠慢、侮慢持续累积，人际关系的崩坏正是由此开始。

到了后来，关系几乎到了回天乏术的阶段，唇枪舌剑，你来我往，雄辩争执，却永远达不成共识。然而，在这样的过程里，情感的厚度，关系的质量都已经被破坏殆尽。

罗马不是一天建成的，你我都同意，然而罗马却是一天就能够摧毁的，我们都轻忽这个可能性，但它又确实如此。

居安思危并非人类天性，所以才会被耳提面命，一提再提。

▶临床心理师的处方笺

1. 良好的互动方式，对谁都要比照办理

用一个有趣的比喻："把家人当客人，把伴侣当主管。"你不会对着主管或客人说的话语，面对伴侣时，也别轻易张嘴就说。

自己认为幽默、逗趣，实则是优越感作祟，想要展现自己高人一等，所以占人便宜，自己要有所警觉，并且留意。因为没有人喜欢矮人一截，更没有人喜欢被轻视，还有被当成傻子。

在关系里轻松、自在，不代表放任自己原形毕露。尊敬也好，恭敬也罢，核心都是一个"敬"字。

2. 更新你的人际关系互动思维：以终为始地对待

不要等到关系彻底崩坏，才回头检讨过程中到底发生了什么事，

说了哪些伤人误己的话。

用心观察身边良好的伴侣和家人关系，你会发现这些人的共同点，并非天生好脾气，而是能够随时觉察自己的情绪、表现和互动模式，适度收敛情绪，而不是放任情绪失控。即使怒不可遏，也不要口出恶言，为了一时的痛快，换来关系的破坏。

想要表达自己的想法和需求时，请转化成对方可以理解的方式和内容。即使在公众场合提醒对方，也会铺好给对方下的台阶，避免让人失态和困窘。

我们都希望家庭关系和谐、温暖，我们更希望亲密关系甜蜜又愉快，因为这才是我们想要的关系，也是我们想要抵达的终点。因此，良性的互动思维，正确的方法、途径，才不会让我们与幸福渐行渐远、背道而驰。

“熟稔易生侮慢”不只是谚语，更是人际关系的切身提醒。所以要学会让关系有界限，让行为有分寸，让心理有觉知。学习对人友善，但也别忘了，你也值得被善待。

把觉知带进生活中，留意你的一言一行，它在不知不觉中滋养或者侵蚀着你的人际关系。

把觉察带进关系里，熟稔易生侮慢，亲近因而怠慢，从来都不是新鲜事。

经营关系不难，让每个人与你相处都愉快。

为什么许多长辈竭尽所能，隐讳地讨好儿孙辈？

人际剥削只是“结果”。

最根本的原因，还是不完整的自我。

人际剥削只是“结果”，最根本的原因，还是自尊、自信、自我价值、自我效能等，任何属于你自己的心理状态，以及长年累积的生命议题，直到现在仍未处理，所以化为人际剥削的结果来现形。通过被剥削，或者剥削别人的方式来呈现。

“够了！没有这么搞笑的，我妈一大早扰人清梦，打了几通电话过来，竟然叫我买蛋糕去台中送给我嫂嫂，祝我不到两岁的侄女生日快乐。我住高雄，我妈住桃园，她住得比较近啊！”

我看着身为同行的她，气到腮帮子鼓鼓的，真是舍不得她呀，心中也感慨万千。

当今社会仍有很多人重男轻女，遗毒甚深；至于恐惧和讨好的故事，真的有多种变形的版本。横批就是：“革命尚未成功，同志仍须努力。”

长辈特地向孙辈祝寿，这好像有点怪怪的，但又说不上来哪里怪。而且，还转了好几转，非常不直接，相当曲折。

怎么说呢？细节是这样的，因为是通过“女儿”来执行。身为婆婆这等长辈，直接打电话给媳妇有失颜面，但是这电话若是不打，婆婆的内心又会彷徨不安。回想先前提过希望媳妇生二胎，言下之意，当然是希望第二胎是个男孩。

适逢孙女生日，却没有表示，岂不是摆明自己司马昭之心——重男轻女，路人皆知！不仅食古不化，还可能会让儿媳妇觉得自己漠不关心，接着就会落人话柄和口实，造成日后猜忌，还会被儿媳妇当成重男轻女的婆婆，日后被孙女当成偏心的奶奶。

◎ 内心忙碌的小剧场，其实是自我破碎不完整、盲目冲锋陷阵的战场

人际剥削仿佛相生相克，却又相互依赖，差别则是在于谁是主动，谁是被动；谁是强者，谁是弱者，以及剥削和依赖程度高低的分野。

这往往不是单一事件，而是“持续抱怨，无限循环”，重复上演着换汤不换药的剧本。

自我价值感低落的人，总是希望获得别人的肯定。让别人给你打分数，由别人赋予你价值，甚至由别人定义你的生命意义。最常见的，就是父母把所有的资源、一生的心力和期许都

加诸孩子身上，希望孩子完成自己未完成的梦想，成为更好的父母“自己”。

现今社会还有另外一种变形，就是长辈竭尽所能地讨好儿孙辈，内心明明憋屈，却又想要多做点什么事，希冀获得喜爱和肯定。

即使明眼人看了也觉得很多余，甚至造成接受者无形的负担和压力。

◎ 那些“我都是为了你”，其实都有着一个“价值感低落”的自己

长期观察这些自我价值感低落的人，他们心中期盼的肯定往往是等不到的，而且即使获得肯定，这个肯定的本质也很扭曲。

另外常见的，则是希望获得别人“同意”。

同意你去做什么事，同意你花多少钱，同意你买东西，同意你出门去玩耍，同意你在几点以前回到家。哪怕只是一趟旅行，甚至只是与家人、朋友短时间的相聚。

自我价值感低落，有很多可能的成因，从最初的原生家庭关系和成长经历，到自我的相关层面等，都是影响的因素。

例如，认为自己没有能力，而没有能力就是没有价值。但

是我们必须知道，能力包罗万象，世界上本来就没有全能之人。

此外，认为自己有没有能力，与你实际上有没有能力并非呈正相关联系，因为有人会高估，就有人会低估。

更何况，人人都有着自己并不了解，也尚未开发的潜能。

◎ 被恐惧驱策和左右，从而去迎合和满足别人

极尽所能讨好或者委曲求全的人，通常没有意识到自己是被内心的恐惧驱策和左右。他们往往解读为，那是因为自己在乎别人的感受。

如同前述的婆婆，她觉得自己此举是想表达对儿媳妇的关心和体恤，对孙女的疼惜和爱意。可是，如果是纯粹的爱意，她不会这么别扭，而且还得通过第三者，要求女儿来代为执行。

如果懂得在乎别人的感受，如果足够体贴，那么应该也能体会到被莫名其妙地拖下水的女儿的感受；如果足够敏锐，那么应该会看见自己的内心是如此惶惶不安，竟然要通过讨好来安抚自己的焦虑，竟然要如此憋屈，才能够确定自我价值。

与其说是在乎别人的心情，其实是怕对方不高兴。更确切

的是怕对方因为不高兴，心中埋藏不快和嫌隙，接着便会对自己不利。

至于是何种不利，可能是在心底被记上一笔、臭脸、冷漠、摆谱、指责、支配、控制，或者是拍桌子，甚至动手打人。

若是职场，则可能是影响到评价、升迁，乃至于工作不保等这些更明显而且现实的利害关系。

若是在家庭里，则是担心没有立足之地。

如果离开职场已久，长年没有独立谋生和经济能力的人，往往害怕回到职场，因为他们深信自己缺乏竞争能力，无法适应职场气氛和工作环境。在恐惧的全面笼罩下，更会选择忍气吞声，去侍奉并持续忍受其实并不心悦诚服的对象和价值。

所以我们更该思考并且看见，不是每个人都这么体贴，更不是每个人都这么敏锐。大多数时候，人人都是以自己的状态为优先。

因为我们是先感受到我们自己的感受，才会有后续一连串与别人有关的思考和决策。

而自我价值感低落的人，往往有着如影随形的恐惧感，驱使着他去迎合和满足别人，甚至是努力满足“自己想象”出来的，别人其实并没有的需求，从而付出多余的体贴。

▶临床心理师的处方笺

1. 自我价值感的源头

你必须看见自己和接纳自己。即使自己不够好，也无妨。

在童年和成长的经历里，照顾我们的人，陪伴我们的人，乃至于我们自己，是如何评价自己的呢？从人际互动、对话和思考时所有的用字遣词，就能推敲出一个人的自我价值感，究竟是依赖他人评价系统，还是能够拿回记分板，由自己来判断。

我们活在21世纪，受环境及社会文化的影响和约束，因此谈到自我价值感能完全不受外在环境的左右，也只是说起来容易，其实并不容易。

但我们必须在可能的限度里，尽可能地多拥有一点主控权。例如，可以从“别人八十，我二十”，朝“别人三十，我七十”来努力。

而且，与其追逐满分和完美，我们更应该体认到，不是不完美才是完美，而是不完美，才是一种“完整”的美。

完整的自我，是你能够接纳自己的每一面，不在意分数的高低、不贴优或劣的标签。

2. 能力与状态同时并进，你才能够站得稳定

只有信心喊话是不够的，我们必须务实。

全能并不是我们的追求，因为这样的追求缺乏弹性和自由。而是

你的能力有基本盘，怎么说呢？

如同工作让人疲于奔命，但是工作也给了你收入，维持基本生活的能力。这也好比，不需要美得像仙女，但至少打理好自己，干净又清爽，那么你看着自己，也能赏心悦目。

当你的实际能力、状态获得改善和提升，就会是铁铮铮的良好例证，它能回过头来挹注到你的自我价值感里。

解决问题：如何避免过度的关系负荷？

如何避免拖垮所有人的关系负荷？

我们都必须学习“解决问题”。

“他走了。前天晚上突然心肌梗死，不是自杀，也不是车祸。”

她的语气听不出是淡漠，还是平静。说的是一九九七年出生，与她年龄相差十二岁的小弟的近况。

她是要告诉我，以后再也不用打电话进行电访，因为一切都已经结束了。她和爸爸妈妈此时此刻，总算感到了“如释重负”。

是从什么时候开始的呢？偷窃、酒驾，还肇逃、吸毒，加入帮派、跟未成年女孩发生性关系。

“我爸妈总是第一时间出面，女孩与家长剑拔弩张好几回合，但最后倒是结成了亲家，结果不到一年又离婚了。我小弟荒腔走板、荒唐可笑的人生，家人时时在替他擦屁股。

“可是，我爸妈总是说‘不管到了几岁，他在我心里永远是个孩子’，能不帮他吗？然而帮他的方式，就是帮他出面，帮他善后。”

许多人有着上述的难言之隐：闯祸的家人，惹出各式各样、层出不穷的烂摊子，是不能被外人得知的秘密。

◎ 以为爱之，实则害之；以为善之，实则虐之

孩子是我们的宝贝，但他不是玻璃，更不是易碎的琉璃，而是有着自身意志的可塑材料，也是独立于我们的个体。

孩子犯了错，第一时间会勾起我们的情绪，自责、懊恼、羞愧、愤怒、无能感。在自身强烈情绪铺天盖地席卷之下，能不能先去理解，而不是斥责孩子，就是第一道考题。

如果没有意识到“这一题”并适度处理，就很有可能循着旧途径，用偏颇的方式去处理。

先理解他的动机，理解他的原因，有没有我们身为家长或是老师，目前没有看到或者想到的可能的导火线或者促发因子？还是先入为主先痛斥一番，觉得真是丢脸极了，立即施以严厉谩骂或批评？

或者另一种极端，却也是极其常见的反应——我的孩子是被人带坏的，一切都是因为误交损友，是别人的错，然后私下再千方百计利用关系，弭平一切痕迹。

大事化小，小事化无，不让孩子面对该负的责任，不让孩子明白：自身行为都有该付的代价。

◎ 被钳制的关系，你我的人生都没有选择

“还能怎么办？他是我弟弟，是我爸妈的儿子。我爸妈算是所谓的中等收入人群，当年经济起飞的时候，两个人勤恳工作，扎扎实实地赚了一笔，所以在老家附近置产，一栋透天厝就登记在弟弟名下，说是给他娶老婆的本钱，当时他才上中学一年级。

“爸妈的偏心，身为女儿能说什么？我也‘反抗’过了，跟他们讨论过。我爸妈却说，这是祖父母留下来的规矩，他们只是比照办理。

“我心中当然不是滋味啊！但是继续说下去，就被当成贪心。

“我贪心？你知道吗，偏心的人，往往觉得自己最公平。即使他们的理由毫无逻辑，即使他们根本无从证明，用这样的方式教养儿子，不会是恰到好处的教育，即使他们希望自己的儿子成熟而独立。”

横跨社会科学，政治学、经济学、心理学、社会学、哲学、人类学等广泛领域的思想家海耶克（Friedrich August von Hayek）说过，“通往地狱的路，都是善意铺成的”。这句相当沉重的经典名句，精确地诠释了很多家庭，由于不正确地“爱”孩子，而导致悲剧的部分原因。

爱错了方式，就是溺爱。爱错了手段，就是徒劳，甚至招致祸害。

▶ 临床心理师的处方笺

1. 真正的善意，不要用错了方式：解决问题，必须学习

亲情是一生的羁绊，血缘关系则是无法割舍的负担。解决问题是为了长远的善，是目前或暂时的必要之恶。正确的人生观，负责的态度，才能不被爱所束缚，甚至扭曲。

教育必须因时因地，因人制宜。上一代的思维，如果不能与时俱进，我们就会喂养了下一代其实并不需要，甚至是有害的东西。

至于解决问题的辨识，那么，到底是谁的问题？在《被讨厌的勇气》两部曲里，提到“这个决定带来的结果，最后将由谁来承受”，然而若更加细腻且犀利来说，其实是“长远”的结果，不是当下面临的奖惩，而是思考逻辑、判断抉择、处事态度、情绪调适、冲动控制能力，以及是否渐趋成熟的习得结果。

解决问题的最大难题：介入者控制不住自己的情绪。

孩子必须有适度的挫折，才能成长。但是身为照顾者，身为父母，身为最关心他的家人，往往忍受不了孩子被外人评价、责罚以及受到磨难，父母自己内心升起了高度焦虑，所以介入了孩子必须学习的“观察、思考和判断、做出选择，以及接受结果”的任何情境。

这些学习所要带来的，正是“对自己的生命负责，为自己的渴望积极，为自己的人生勇敢”的态度和人生观。这些都需要日积月累的经验内化，才能在内心深处萌芽和茁壮。

不是放手不管，而是成为坚强的支柱。什么是支柱呢？请试想，家里最粗壮的梁柱会伸出无形的手，在你去卧室时，要求你是先向左转，还是向右转，必须走哪一条路吗？不会。可是当你累了，你可以依靠它，稍事歇息，然后继续前进，再次出发。

2. 真正地为他好，磨炼与反馈，才是解药

每个人都想当好人，但是什么叫作“好”？什么才够“好”？每个人都有不同的定义，因为每个人都有不同的条件、期待和需要。

尤其是在关系里，一心想要当好人，就会容易产生盲点，因为会陷入“好”的执念，更趋主观而失去客观。

若是一心想要成为好父母，称职的完美父母，就可能进入给予模式。尽可能地给予，尽可能地满足，尽可能地保护，尽可能地维护。看不见孩子的状态，分不清孩子的感觉到底是冷还是暖，所以就是不断加饭，过度嘘寒问暖，生怕他吹了点风，多受了点伤，即使那有助于他与现实接轨，对于自我与外在世界能有更切合实际的理解，进而有了成长的空间。

爱错了方式，维护的就不是自尊，而是逐步建立了虚假的自尊。轻碰不得，容易碎掉。

爱是包袱，也是束缚。爱错了方式，就是最沉重的负荷，受制于关系里的传统角色，每个人都觉得无奈又受苦；认定是宿命，只能把亲子关系解释成报恩、报怨、讨债或还债。只能想象与偷偷期盼，也许有一天能够中止悲歌的循环，因为无法逃脱，所以只能被动等待。

爱对了方式，就是相伴一生的勉励和祝福。

学习“解决问题”，就是我们能够给予孩子及下一代最好的教育，

以及受用一生的礼物。

情绪失控的父母："爸妈总是在第一时间对我怒吼……"

孩子的状况，反映出大人内心的不安、匮乏和焦虑。

给孩子最好的示范，就是你坚定而真实的存在。

咨询室里，永远不乏前来挑战心理师底线的孩子。

"怎么又是你！"

他翻了一圈白眼，右腿直接伸直，搁放在桌面上，一副吊儿郎当的大爷模样。

"是啊！又是我。"

我气定神闲地回应他。

"钱很难赚，来这里受我们这群废人的气！"

他边讲边摇头，貌似在替我惋惜，然而他的嘴角和脸上却是掩藏不住的笑意，像是占了上风一般。

就这样来往了几个回合。

"你怎么不发脾气啊？！我刚刚'问候'你妈欸！"

他有些懊恼地说，像是百思不得其解，却也像是自问自答。

“今天出门天气好得很，我也没踩到狗屎，加上最近也没发生什么事。被你取笑和问候，不高兴是自然，但是为什么要冲着你发脾气呢？”

他的眼神和表情开始有些变化。

“我爸妈通常第一时间就是对着我怒吼。明明是小事，他们却可以唠叨个没完，或者大发脾气，仿佛我干了什么天大的坏事。接着呢，就开始讲些狗屁倒灶的人生大道理，但他们没有一样是做到的！”

他挑了挑眉，说：“看来，你这个大人不太一样嘛！”

挑战我的忍耐极限，好奇我的情绪反应，看我何时翻脸和生气。这就是在咨询室里，跟学生身份的咨询者的工作中，不时会面临的情境。

◎ 孩子就是你的镜子，反映出你内心的不安、匮乏和焦虑

我们对于他人的外在反馈，通常是在意到了心坎里，但偏偏又羞于承认和启齿。举凡学历、收入、职称、头衔，乃至于年龄、外形，还有家住哪里，出入使用什么交通工具，都可能被人列入评比范畴。

同时，外在形象以及内在能力，也在我们的自我价值评估中占了一席之地。

也因此，当有人用针插进去，质疑、挑衅，或者批评……这些犀利的言语会让我们气急败坏、恼羞成怒，想要立刻反击，无论对方是成人还是孩子。

若当下不便发作，则是压抑和掩饰，等到时机到来，看是要明摆着修理，还是暗地里贬抑，才能消弭心中的恨意和怒气。

此外，每个人都有自己人生难解的心结，以及情绪崩溃临界值。让我们崩溃的瞬间，想要对孩子怒吼、发飙、斥责，以及严惩的起心动念，有时候并不一定是孩子本身的行为所致。

能够掀起惊涛骇浪的，还有更深层的动力，因为这些行为勾起了我们内在的失控感、无能感和罪恶感。

- 失控感：平时的工作已经够繁忙、够杂乱了！孩子竟还出这些差错，简直是火上浇油！

- 无能感：我怎么连一个爸爸 / 妈妈都当不好？三不五时就接到学校老师的电话。我怎么会这么没用啊？

- 罪恶感：孩子如果没有教好，改天上了社会版头条，成了随机杀人魔，这该如何是好？

每个素材都是最好的教材，每个交会都是最好的教育机会，不管是对于孩子，还是自己。

◎ 如实地面对孩子，也是如实地面对自己

你不用故作镇定，也不用佯装没事，更不用讨好，当然也不用委屈，你所有的举动都是在示范或反示范，什么叫作“合适”，什么叫作“弹性”，什么叫作“不卑不亢”，什么叫作“对事不对人”，什么叫作“情绪调适”，什么叫作“自我控制”，什么才叫作真正地“做自己”。

进行心理咨询时，我总是提醒自己：我是一名心理师，更是一个人。我有喜怒哀乐的情绪，更有属于自己的生命议题。

这些提醒告诉我，要时时分辨哪些是我自己的事情，哪些是咨询者的问题，不要搅和在一起。

要能明晰地分辨，才能陪伴咨询者，拨开他（她）生命中的迷雾，厘清他（她）生命中的障碍，进而看见生命里转化和成长的契机。

当你态度坚定，表现真实，孩子才会信服于你。觉得你不是表面说一套、实际做一套的伪君子；觉得你不是学校或家长派来的“打手”，把他当成有问题的人，无药可救的坏孩子，而是把他当成“一个人”，不因为他年纪轻，不因为他的身份

是学生，就有了先入为主的判断、根深蒂固的成见，而是愿意从头开始了解他。

认真倾听他的讲述，以他为主角，由他来诉说和诠释的生命故事。

▶ 临床心理师的处方笺

1. 言行一致，表里如一

当我们拒绝面对自己，甚至持续伪装自己时，我们怎么能做到言行一致，表里如一呢？诚实地表露自己的情绪，不是借机发飙，对着第三者宣泄怒气，而是让孩子看到，每个人都有情绪。被轻蔑、被诋毁，会有情绪；被无视、被斥责，也会有情绪。

正视自己的情绪原来是可以的！因为坦白和诚实地面对自己，才能有后续的接纳自己。

坊间把情绪分成正向和负向，但是宏观而言，情绪反应都是中性的，更无关优胜劣汰。为什么这么说呢？因为当你把愤怒与自卑转化为超越和成长的动力时，那还会是负向的吗？

反之，若喜悦和兴奋让我们过于安逸，甚至自大无知，那还会是正向的吗？换言之，不要被外界定义的标签局限我们的认知，随时都要保有弹性。

言行一致、表里如一的大人，更容易收服孩子们的心。

因为你是真诚地与他相处，而不是用社会眼光和价值堆砌出来的条件，也不是凭借虚张声势的所谓社会地位。

2. 陪你长大，并肩同行

大人是陪伴孩子一路上成长的伙伴。当孩子有困难时，可以一起讨论；当孩子需要支柱时，你就在不远处。

我们都希望被尊重，成人和孩子皆然。当我们的意见被接纳被重视时，愉悦感就会油然而生，而这些愉悦感，也会进一步鼓励我们朝着这个方向更努力、更精进。

有外在的反馈和奖励，还有具体可见的良好表现，就能逐步累积对自我的肯定。

我们都希望孩子能够健康、能够快乐，在他们的成长过程中，给予他们真正需要的，而不是我们将内心无从实现的渴望变形，进而硬加在孩子的身上。

从心理的角度出发，我们能给予什么呢？我想，就是成为坚定而真实的存在，那是孩子随时可见的参照，以及最好的示范。

如何找回原生家庭里曾经缺失的爱?

终其一生都在讨爱:

亲情里的亏待，难以圆满的遗憾，请先把自己爱回来。

孩子渴望父母的认同，但其实父母也在用他们自己的方式，期盼能被孩子认同和接纳，即便孩子成年已久，甚至已长出华发，年岁也步入中年之秋。

穿着兼具质感与贵气，进退有度，举止有礼合宜，年近六十岁，理应耳顺的她，就坐在我的对面，诉说着她的家，还有总算以她为“主角”的故事。

“我小学毕业后，就去帮人家洗碗，不再读书。当时很早就要出门，多赚一块是一块。家里有两个弟弟，大弟和小弟，一个爱读书，也能读书，另一个贪玩，重考再重考。我们辛苦攒钱给小弟进补习班，其实他都拿去狂欢，甚至后来做了不少坏事，闯了不少祸，进警局也是家常便饭。然而，我父母依旧惯着他，想方设法去托关系和说情，看看能不能销案。小弟最后犯了重大刑事案件，被关进监狱，不知道要几年后才能出来。”

她叹了一口气，继续说着这个漫长的故事。

“争夺家产？他们说分给我的已经很多了，算是弥补，但对我来说，根本远远不够。我只是把属于我的、亏欠我的，一次性拿回来。”

她继续说着她的近况——因分家产风波上了法院，与父母和大弟对簿公堂。

两方僵持不下，她的失眠和头疼自然就愈演愈烈，无论如何都难以缓解。

◎ 不被爱的回忆，被亏待的经验

重男轻女，矮人一截，被牺牲和必须退让的感受，已深深刻入骨血，永远啃噬着她。

成长经历如同木已成舟，痛苦永远定格，她心中那股隐隐作痛的失落，变成终其一生讨爱的驱力。过去从来未曾过去，曾经也还没有成为曾经。

即使婚后住在不同县市，但只要有空，她会尽可能回家看看父母，至少每月一次，这是她的孝心。

可是父母一提到分配家产，从来就不顾及她的心情，也再次揭开了她心底的疮疤，掀起她心底的惊涛骇浪。

她总想证明，父母也是爱她的，就算过去不是，至少现在是；就算过去不够爱，现在也该爱回来了。

但是如何才能证明这点呢？她时常在心中呐喊："我虽然不是父母心中的第一，但你们能不能至少爱得公平些？"

连带的，她与弟弟们的关系也不时充满矛盾。

只要不涉及父母，姐弟碰面能彼此关心，也能互相帮助。但只要和父母相关联，父母说话的语气，都一再透露出，事有轻重缓急，而她永远是父母心中的轻和缓，爱和重视从来都感受不到，哪怕弟弟们对她这位大姐还算可以，她也很难不进行比较和计较。

她的心中总是有尘埃。

◎ 她们心中纵有万般委屈，多半也只能认命，接受父母的安排，压抑并委屈自己

我们都希望自己是别人生命中的主角，而不是配角；是主线剧情，而不是支线。

作为子女，我们多么希望在父母眼中，自己是出色、优异的，甚至在手足之间，也会明着争风吃醋，甚至暗中较劲，"争夺"父母更多的称赞和关心，所以更遑论父母在态度和行为表现上的明显差距。在资源有限的情况下，优先被牺牲的永远是女儿。

她们心中纵有万般委屈，多半也只能认命，接受父母的安排，压抑并委屈自己；所有的资源，无论是可见的金钱、物质，还是无形的关心、自由和选择权，从来都集中在男性身上。

所有的一切都是用来成就异性手足，也就是身为男子的哥哥或弟弟。

▶ 临床心理师的处方笺

1. 从被爱到自爱，从自爱到自在

我们就是父母的再版。父母可能有着属于他们自己的问题，未解，甚至无解的成长经历，或不被爱的遗憾。

进一步思考，还是退一步思考呢？祖父母多半已经去世，父母还能向谁讨要呢？而我们想要讨爱，其实是缘木求鱼，就如同向没有钱的人借钱，这只会让自己反复碰撞，反复重创。

理解过去和现在做不到的他们。从渴望来自父母的爱，变成来自自己的爱。你有能力爱自己，你了解生命中有明有暗，有黑有灰，也有白。

生命的圆满不是来自没有缺憾，而是你知道缺憾存在，但是你已经生长出与它共存的能力。

2. 够好的自己，对自己和别人柔软

古人云“刚强易折”。向人讨爱是刚硬，也是锐利，而努力提升自己，力求尽善尽美，其实也是刚硬。

我们时常听到有人说：“要成为更好的自己。”静下心来检视，所谓更好的自己，是不是也代表了“现在”不够好的自己?

对于有些人来说，这其实是怀疑自己，也是内在匮乏和自信不足的变形，只是它用了看起来相当激励、光明、正向，并且是社会称许的形式。

能够对自己和别人柔软，才能看见每个人都有自己的困难，才不会铆起劲来冲刺，但是很快就内耗完；才不会一直希望别人来证明自己曾经被爱，还有值得被爱。

此外，当我们看见足够好的自己，才会有正向情绪，才能够自我肯定，来安顿我们那种不定时发作、怀疑自己的焦虑和不确定感。

生长出爱自己的能力，把自己爱回来，才不会如同水上浮萍，也才能自在和稳定。

被亏待的空缺，刻在心底的遗憾，正是留给我们去填补的空间，同时也会使我们看见自己一直有着不曾认识，但始终存在的生命韧性。

最可怕的不是遭遇职场剥削，而是习惯了被剥削

有些小事你“顺便”久了，就会变成“理所当然”

我们为何无法拒绝别人的要求？

当权利被侵犯时，怎样才能维护自我的尊严？

不请自来的建议，多半会破坏关系

第四章

职场里的人际剥削

当你拒绝被剥削，却被贴上了“爱计较”的标签

最可怕的不是遭遇职场剥削，而是习惯了被剥削

麻痹不是真麻痹，习惯不是真习惯。

认识自己的内在状态，从来都不简单。

认识自己的内在状态，辨识关系里的障碍，承认与他人的矛盾，远远比你所意识到的还要隐微，还要困难。

你说话时的眼神是怨怼的，还是光采的，旁人都感受得到，也都看得出来。

那些欲言又止，那些意在言外，我们要学习辨识，并且把它认出来。

“职场剥削？呵呵，早就麻痹了！”

她一边盖上档案夹，一边回应我。

她说的剥削者，正是她的老板。

每逢公司需要加班或派人出差，身为单身一族的她，永远是主管心中上火线的第一人选。

全公司无人不知，无人不晓。她没有儿女，没有家庭要顾，相较于已婚，还有子女的诸位同事，派她出差没有后顾之忧。

仿佛她是天生的孤家寡人，连个原生家庭都没有。

“你明明不想去这么远的地方，鸟不生蛋的，还要待上至少一整年。”

她说这次外派，要处理原本的租赁合约，还有各种会员，都要去办理延长或暂停。

到了当地，语言也是一大问题，更别说水土不服了。据说，当地的自来水即使煮沸，仍有怪味，所以连饮用水都要另外购买。

光想到这些，就令人头疼。

“算了！不然还能怎样？习惯了！我单身多久，就要被牺牲多久啊！主管第一个就找我谈，我能说出什么好理由？说命运着实太巧，我昨晚联谊遇到了未来老公？明天就要去登记？后天宴客？别说笑了！继续扯下去，迟早会穿帮！我还不如认命！”

耳边的广播正巧传来了《大龄女子》的旋律，单身族群的职场剥削故事，剧本加上配乐，搭配得刚刚好。

◎ 若是过度，并且长期使用“情绪隔离”，可能会出现身心症状反应

“麻痹”“习惯”“没事”是一种情绪隔离机制，嘴里说出的这些词，是在提醒你，不是真的没事，你只是启动了心理防卫机制，暂时保护了自己，以避免更强烈的情绪覆盖理智。

淡化心中的不愉快，压抑可能激升的怒火和怨气，不至于立刻跟人对冲，翻脸拍桌子，即刻走人。

情绪隔离的核心成分是“消极”，久而久之，就会是态度被动，觉得无能为力，认为一切际遇、安排和造化都是听天由命。

人类的心理防卫机制几乎是时时刻刻都在运作，种类繁多。有些幼稚，有些成熟，使用程度也会视情况而有所不同。

若适度使用，能缓和情绪，避免内在的冲动付诸行动，导致因小失大和得不偿失，例如无谓的人际争执、摩擦和激烈冲突，甚至是伤害他人和自己。

但若是过度，并且长期使用，就可能使得问题依旧，导致出现身心症状反应：对于未来感到悲观，感觉没有希望，无能为力，自我效能感低落，最后演变成僵化，并且成为固着的行

为反应模式。

我无论是做心理咨询，还是与亲友聊天，时常会听到咨询者、家人或朋友使用“麻痹”习惯，来形容他们在人际关系里面临的困难。

再抽丝剥茧，并且向内梳理后，发现都是消极和悲观。

困兽尚有最后的挣扎和拼搏，然而他们却是完全认栽。

◎ 消极的时候，我们需要的是休息，而且是“不带自责”地休息

承认困难，它可以是面对问题的第一步，但也可能是万念俱灰，就此消极地放手一摊，将问题留在原地，持续运转。

区别就在于，如何认识自己的内在状态，并依据此认识，进行后续的态度、思维和策略的反转。

人都有消极的时候，我们不可能永远上紧发条——随时有着最齐全的准备，随时保持着最佳状态，所以要观察自己的状态，何时太紧？何时太松？别让弹性疲乏，也不要绷到极限（再多一些就断了）。

消极的时候，我们需要的是暂停，需要的是休息，而且是“不带自责”地休息。

很多时候，我们其实不敢停下来，因为停下来就等于输了，

因为休息就等于宣告人生大大落后了。

然而，维持表象、内在空转的结果却是越来越麻痹，也就是“感觉钝化”，痛苦依旧在，困难也会不定时重来，更是接触不到自己内在的真实状态。这些也会削减你的应对能力，以及固化你面对困境时的消极惯性。

▶ 临床心理师的处方笺

1. 认识内在状态的可能指标：眼神、语言和所有外显行为的线索

你有多久没有好好观察过镜子中的自己了，或者照片中的你的神韵？做心理咨询时，我很重视非语言的信息，我将它作为评估和了解来访者的参考工具之一。

语言可能披着伪装，所以更要结合非语言的线索，来了解一个人的状态及问题，以及造成问题和困扰的可能原因。

同理可证，如果我们想要认识自己的内在状态，就不能够只停留在认知层面——披着理性外衣的对话，也就是语言。

什么意思呢？我时常看到来访者明明内外煎熬，气色犹如槁木死灰，但仍紧守着僵化的思维，反复运用有害的行为模式，难以松动和打破。

旁人看来，叫作固执；即使乌飞兔走，时光飞逝，都来到了下一个世纪，固执的人还是死死捍卫那些不合时宜，也让自己身心俱疲的信念。

这也就是为什么刚硬的理智有时反而是更大的盲点，因为没有柔软的感性作为表里如一、内外一致的支撑。

2. 更深层的期盼，你看见了没有

你更加渴望、难以言喻或者不便明说的，是身边没有伴的落寞、长久的失落。这个心境在三十多岁的女性里面，相当常见。

这一代的我们很幸运，学业有成，有份工作和薪水让自己生活无虞。想旅行，就可以来一趟小旅行；想进修，就可以去进修和学习，无论是专业领域，还是休闲兴趣。

我们有很多很多的选择，网络上也有琳琅满目的新鲜事，让我们分散注意力，不用去聚焦“你渴望有人陪”，但迟迟没有下落的内在需求。我们看起来很潇洒、很自由，但是被喜欢的人关心、问候与陪伴，在对方眼中独一无二的需求，却仿佛是被老天遗忘了。

其实，你希望拥有的很简单：忙碌一天后回到家中，有人陪你吃晚餐，有人跟你聊聊今天怎么了，哪件事真有趣，哪个人很搞笑……

勇敢面对深层的期盼，多认识新朋友：别让工作与忙碌成为拓展人际关系的障碍。我们都期待在转角处遇到爱，良缘天注定，但让你的人际关系活络，才是必须，也是最关键的第一步。

工作的意义、价值和愿景：人生都有必须妥协的时候，职场当然也是其中之一。对你来说，工作的目的是什么，到底又带来了什么？纯粹只是糊口吃饭的薪水，还是它符合你的天赋，做来得心应手，还是它激发你的热情，让你不觉时光飞逝，感受到自己的价值和生命的意义，甚至你还有着崇高理想的愿景？这些都需要我们向内探索，把它找出来，并且要持续寻找，因为每个阶段，你的体会和渴望都是不一样的。

你才会明白，为谁辛苦，为谁忙；而这些辛苦和忙碌，不是徒劳，不是百分之百的牺牲，而是你真心所想，因为它的背后有着你想要的宝藏。

3. 让我们看见这些矛盾，进行“整合”和“调整”

当我们能够看到自己的自相矛盾，言行都在背道而驰，就像我们手里拿着利刃，心里想的却是要追求圆满；我们渴望靠近对方，但嘴里吐露的，行为表现的，却是让关系雪上加霜，在对方的心中划下一道又一道的伤。难受、难过的不只是对方，还有我们自己。

坚持错了方向，就看不到自己是在徒劳和瞎忙。

把这些前后矛盾、内外不一致的信息整合起来，才能拥有完整的视野，才能调整出真正有用的作为，这才是真正能够在关系里双赢，你好、我也好的策略。

认识自己的内在状态，虽然从不简单（因为它是一关又一关），但别让“现有”的认识，局限了你对自我的持续探索，以及更深入的了解，这才能让我们不在消极里止步和打转，而是看见源源不绝、未知的潜能，并且用来反转。

有些小事你“顺便”久了，就会变成“理所当然”

维护自己的尊严，何须不好意思？

尊重需要重新学习。

“帮我买一杯拿铁，去奶泡、三颗糖，不要太烫。”

就算只是顺便，但是每个同事都这样顺便下来，会让你在回办公室的路上，从一杯拿铁变成十五杯，还各有各的偏好和口味。

“帮我领四个 A4 文件夹、三个修正带、五个 L 夹。还有，听说你女朋友给你戴绿帽了，是吧？”

即使她后面刻意压低了音量，但还是让听在耳里的他，心里很不是滋味。

办公室有着数不完，但是看得见的待办事项，以及如影随形，却又看不见的工作压力，当然更永远少不了的是人与人之间的绯闻和八卦。

举手之劳的小事，当然可以帮。但你会发现，有些小事你越是帮，就会让自己越忙，久而久之，还变得顺理成章。

哪天你的自尊觉醒了，你的自我茁壮成长了，你学会开口拒绝了，就会被贴上“爱计较”“小家子气”“不识好歹”的标签，还有百口莫辩的下场。

◎ 人际剥削，你必须防微杜渐

你耳熟能详的“防微杜渐”这句成语，其典故出自《后汉书·丁鸿传》。理论上，是指防止坏事的萌芽，杜绝麻烦的开端，但现实上，我们无法未卜先知，料事如神，所以务实的做法是：当开始出现不好的征兆和迹象时，就要尽早面对，及时处理。

因为人都有习性，而习性就是从细微之处开端，日积月累而形成的。所以亏人亏久了，就成了习惯。标签贴上了，就撕不干净。那些听起来不顺耳的口头禅，甚至语助词，见到面，如果不来上这么一段，似乎就不对劲，不习惯。

可是，为什么都是他在讲，你默默地听呢？为什么都是她在说，你默默地忍受和委屈？

尊重别人，是靠后天修炼得来的。奚落别人，是先天内建不学就会的。为什么？因为人们都需要优越感，而优越感是比较得来的。他低，我就高。所以开别人玩笑，对旁人吐槽，骨子里就是先发制人，以及胜过对方的心理在作祟。

至于那些令人尊敬和仰望的对象呢？他们都是跟过去的自己比较，没有奚落别人的心眼，更没有贬抑他人、哄抬自己的必要。

◎ 有些人习惯吐槽别人，也有些人习惯被吐槽

只要愿意抽丝剥茧，还有往内进一步梳理自己的感受细节，你就会发现，习惯被吐槽的人绝不是欣然接受的，而是迫于无奈，或者木已成舟，难以调整或开口说“不”。

但讽刺的是，当一个人想要捍卫自己的权利时，还会被酸“小家子气”。当他想要撕掉这些名为诙谐、实则贬抑的标签时，还会被认为“心眼小”，为了丁点小事就斤斤计较。

对于那些习惯吐槽别人的人，若是无伤大雅，其实也不必太计较。但是你知道的，吐槽这种事，没人一开始就希望被吐

槽的是自己，习惯被吐槽的人，多少是无奈的。

▶临床心理师的处方笺

1. 尊重自己，是一种习惯

我们的所作所为，到底有没有尊重自己？在合理的范围内，完成你想要完成的事。即使是好事，我们也可能苛求，过分要求自己。例如很常见的，为了目标而持续熬夜，透支了健康；为了照顾家人而过度付出，透支了心力。

再良善的目的，再好的出发点，如果本质上没有照料和尊重自己，一切都是本末倒置，过犹不及。

2. 尊重别人，是一种需要自我约束和提醒的好习惯

对于自己的一言一行，能够通过后设认知（metacognition）自行监控，不要得了便宜还卖乖。

别人对我们客气有礼，其实是缘于对方的修养和善意，我们应该有正确的理解。也因此，我们回应对方的敦厚和友善时，也该举止得体。

看到别人有些傻气的行为，也许是出于不适应，也许是出于不熟悉，我们能力若可及，去帮忙化解危机，或是引导循序渐进，而不是

落井下石，把他当成取笑的话题，还自以为高明得很。

3. 被人尊重，更是一种需要高度意识和自我警惕的终身习惯

我们强调以和为贵，所以有时被人贬损了，被当成玩笑戏谑的对象，即使心里不舒坦，多半也不好意思立刻纠正、当场表态，就怕被人当成小家子气，贴上“没度量”的标签。

但是真正的大气，是这样的吗？宽宏的度量，是这样的吗？更何况度量是用来要求自己，并不是用来要求别人的。温良恭俭让的美德，需要因时制宜，需要因人调整。

面对君子，自然以礼待之；面对无礼之人，当然以理回之。有道理的你，态度是不卑不亢，行为也是有规有矩。维护自己的尊严，何须不好意思。

人往往是欺善怕恶，恃强凌弱。如果对方真心认为自己的幽默无伤大雅，那怎么不见他的玩笑话拿领导当主角？怎么不见他用自己开玩笑？

常言道，最高明的幽默是自嘲，想要博得满堂欢笑、缓和气氛，或制造轻松氛围，永远有更好的方式，永远有更高明的调整，犯不着拿你当箭靶，用你来开刀，更没必要对你奚落或嘲讽。反倒可以用温暖、诙谐作为调味料。

我们都希望活得好，所以良性互动的人际关系更是不能少。我们可以学习接受他人的批评和指教，因为这是雅量，也是持续修炼的涵养，但是无理的使唤、无礼的吐槽，不仅没有必要，久而久之也会让人际关系的互动模式僵化，并且让情绪陷入低潮。

人生在世，活着的每分每秒，都离不开人际关系，无论有没有血缘关系，无论亲疏远近。

尊重、平等的对待，让我们更有价值感。不仅如此，我们还希望结识的人群、置身的环境，都足够优质，值得我们欣赏及学习。

我们为何无法拒绝别人的要求？

懂得拒绝，并不是坏人，反而是真正明理的好人。

自尊，我们都需要了解，并且将其修订成更好的版本。

“帮个忙又怎么，同事之间有什么好计较的？！”

她啃着从早上放到傍晚的第一口饭团，表情闷闷地听着隔壁桌的同事随手递上一叠厚厚的文件，要她“顺手”帮个忙。

她只能默默地听着，内心却不满到像快要爆炸的压力锅。

对于别人的请求，我们总是不好意思拒绝；对于别人的期盼，我们总是不负所托。如果请求很客气，如果期盼正巧也如你所愿，那就是皆大欢喜，天下太平。然而，现实往往不是如此。

◎ 坚守界限，可能会不被喜欢；明白拒绝，可能将招致讨厌

为什么与人相处如此之难？让我们进一步向内探索、扪心自问，为什么拒绝非己所愿的要求和期盼会这么困难呢？

自尊（self-esteem）是一个心理学上常见的名词，但也是相当复杂的结构。

它有各式各样的研究，定义也五花八门，有人通称为自我肯定，也就是对自己和能力的喜爱程度，也有人认为是对于自我的主观评价和感受，所以涉及了自我概念、自我形象、自我价值感、自我满意度、自我接纳度……总之，在心理学相关领域里，许多概念和心理困扰与它有关，是个大杂烩，也是个嘉年华。

或许你已看得头晕眼花，其实后续还有更多的研究和延伸，不过，整合了各家说法，大抵就是“自我价值、自我能力和自我接纳”构成了自尊的基本内涵。

我们总是根据外在反馈、亲身经历来调整对于自己的评价和认知，并由此而生出相对应的感受和影响；所以，当你所处的环境中，人际关系及互动，都是过度要求、诋毁、批评、指

责居多时，哪怕要求不合理，批评内容与实情不符，我们都很难不动摇，甚至可能不自觉地内化，信以为真，甚至全盘接收。

如果你时常处于人际剥削的关系里，你的自尊就会逐步被削减，你会变得顺从，变得卑微，变得不健全。

尤其外在反馈是片面的，亲身经历是有限的，再加上自尊是动态的，它可以是因，也可以是果，也可以说是“互为因果”。随着个人内在成长和外在环境持续地变化，自我价值可能被高估，也可能被低估；自我能力可以退步，也可以进步；自我接纳可以过分严苛，也可以适度宽容。

所以，在从小到大的成长过程中，最亲近的家人，尤其是主要照顾者，应该给予孩子不偏离事实、中肯的反馈，才能帮助孩子成长，有效地学习，客观地判断，进而拥有健康的自尊。

在这种环境下长大的人，能够弹性地调整，不会过度仰赖外在因素作为判断自己的标准；也不会过度仰赖内在，作为评价自己的依据，例如：我必须成功、我必须完美或自我感觉过分良好、自我价值感过分低落。

◎ 拥有健康自尊的人生版本

我们既可以从外显行为来看，又可以通过内在状态进行检视。

外显行为是指一个人怎么与外在环境互动，最明显可见的就是人际关系中的行为表现，例如能不能主动与别人建立关系，能不能表达自己内心真正的想法和感受，有需要或遭逢困难时，能够寻求协助，遇到或大或小、或隐微或显著的人际剥削情形时能够辨识，并且能够拒绝那些无礼，也无理的要求。

内在状态，则是指即使不被喜爱，或者遭到拒绝，也能够接纳自己，不会因此轻易动摇或削减自我价值感，也不会觉得自己很没用、很糟糕。

▶ 临床心理师的处方笺

1. 客观，就是你的另外一双眼

“我们都活在主观的世界。”我自从在心理学研究所时期听到这句话，就把它列入我的人生座右铭，时时用来自我提醒。

我们可以持续学习精进，借此加强自己的能力，进而提升自我价值感。然而，若无法做出客观判断，我们只能是没有尽头的盲目冲刺，但是依然自我价值低落。

既然我们如此主观，那么又该如何客观呢？

观察你所认同的模范，学习用他们的眼睛，拆解你眼前的考验和困难。他们是如何回应外在的要求？他们是如何面对别人的期待？你可以以他们所写的文章，分享的生活点滴，或者是在公众场合的举止表现，作为参照的标准。

然而，即使你已经找到了心中的最佳模范，请记得要多方观察，并且持续比对。

好的模板永远不会嫌多，为了你的人生，让客观雪亮我们的双眼。

2. 自我接纳，是你一生的作业

我们很怕不被喜爱，也容易画地自限，觉得很多事情不可能。

在人际关系里，若心有委屈和怨怼，时常可见以下的反应：还是忍气吞声吧，要不然会有麻烦；忍过这次就好，事过境迁就会没事了，所以我们不敢拒绝，不敢明言自己目前忙不过来，这个小忙，我爱莫能助。

懂得拒绝，并不是坏人，反而是真正明理的好人，因为你做出了适合自己能力、符合自己意愿的选择。

更重要的是，你尊重自己的判断，接纳自己的选择，以及选择的结果。

你对得起自己的人生，你的生命正是因此而独特。

被人喜爱、受人欢迎的感觉很棒，但其实我们并不需要人见人爱。

我们真正该做到的是，能够在合理的范围内喜欢自己，也就是学习自我接纳，这才是自尊的根本。

这不是要求你有着过度的自我感觉良好，而是不随外在评价忽上忽下，轻易改变对于自我的评价，然后在人际情境中不自觉地委屈或讨好。

自我接纳需要持续锻炼，也许我们暂时没有被讨厌的勇气，但至少我们可以从喜欢自己、接纳自己做起，它就是属于我们一生的作业。

当权利被侵犯时，怎样才能维护自我的尊严？

被凌驾的尊严，自信日益削减。

我们都需要重新认识自信，用一生来建立。

她的脸色有些铁青，表情有些僵硬，原本是在描述学生的状况，但是说着说着，最后眼眶泛红，脸颊涨得鼓鼓的。

她的情绪越来越激动，像是隐忍了许久就要爆发。

“你愿意告诉我究竟是怎么回事吗？”

虽然离题，但我想，是该倾听并好好关心学校教育第一线的工作者，作为老师却难以对外人道及的心事。

“学生午休不睡，持续发出音量不小的噪声，干扰其他午休的同学。我提醒学生，但却被回以“三字经”，因此我罚他写‘我再也不说脏话’一百遍。学生回家后告诉家长，家长反而气冲冲地来学校兴师问罪，斥责我说：‘罚写有用吗？罚写之后，孩子就不会再犯了吗？’”

她的眼泪不停地奔流，内心积压的委屈随着泪水一串串地滑落。

“因为这样，上个星期天，我们三位老师登门道歉，因为家长不接受对老师的处置。”

她总算说出了难言之隐。

“我真的很无力，甚至觉得羞辱。我能怎么办？我还能怎么教？”

她深深觉得自己里外不是人，为人师表的尊严扫地，荡然无存。她开始怀疑自己。

可能是因为学生家长的社会地位和身份，学校为了大事化小，小事化无，便让老师登门道歉，了事优先。

被校方剥削，被家长剥削，回到最底，其实是被学生剥削。

现代教育有着种种困境，其中之一就是有些学生摆出一副不买账、你能奈我何的气焰。

“你处罚啊！我录像。”“你责备啊！我录音。”所以，教师为难，今非昔比，不可同日而语。

并非每位家长都是这样，但只要少数极端案例，就足以让满怀教学热忱和热血的老师们消沉、无力、质疑自我，甚至崩溃。

其实明理亦有礼的家长并不少，不能以偏概全。但是身在职场多年的你我都知道，有些潜规则无法不遵守。

讲理不是王道，它是不明就里，它要你忍一时之气，换剥削者消气。你的心酸和委屈，他们不是太在意。

让我们回过头来检视：“自信究竟是什么？”

自信来自清楚而深刻的“自知之明”，对于自我具有的能力和价值，拥有“强烈的意识”。

多数人对于自我的认识是模糊不清的，甚至可以说，终其一生，都在摸着石头过河，且战且走，甚至有些人是彻底闭上了解自我、挖掘自我和探索自我的眼睛。

每个人都需要长年累月的经验，不仅经验的量要足够多，还得包含正向和负向经验，才能够交叉验证，进而修正认知，一次又一次进行调整。

接着，对于自己所具备的能力与价值，才能有“相对”的了解。

◎ 必须区辨自信与自大

自大来自误解，误以为自己够强、够好，甚至连自己根本没有的能力和价值，也会自以为真，还能够夸夸其谈；所以在了解自信的同时，我们也必须对于自信与自大，有清楚的分辨。

不再以讹传讹地认为，自信与自大只是一线之隔，或者自信过了头就是自大，其实两者在本质上并不相同。

这个重要性，不仅用来了解自己，对学校教育而言，更是如此。我们都希望孩子拥有自信，用来面对人生的各种困境，用来应对生命的重重考验和压力。

以权威、强势、语言暴力，乃至于肢体暴力服人，是不是自信？当然不是，就如同有人说，自信就是相信自己，然而这只是对了一半，那必须立基于对自我有“正确”的认识，也可以说是前提。

如果不够了解自己，还错误地相信自己，那就成了自大。

这就好比：“听我的就对了，我就是这样过来的。”“不知道，总之有很多人。”“当然要这样，很多人都是这样子。”然而，当你进一步检视这些话语背后的逻辑，不仅颠三倒四，而且毫无具体、清楚、确实和有效的根据，但是他们却坚信不疑，还打算进一步说服你、指导你，甚至要求你无条件地服从。

◎ 自信，是一生的礼物；自大，却是一生的绊脚石

此外，即便对于自己的能力和价值有部分了解，但是若这份了解的意识不够强烈，自信仍是无法坚实而肯定的。

我们时常看到，即使同事、同学和朋友都肯定你的表现优异，你的努力值得掌声鼓励，但亲近的人一句话、一句批评，却能轻易地让你崩盘，一泻千里，让你又开始怀疑自己。

是的，建立很难，摧毁容易，这也关乎自信。

▸ 临床心理师的处方笺

1. 自信需要用一生来建立：时时浇灌，给予滋养，并定时检视

每个人都一样，无论是我在临床心理咨询上和遇到的案例，还是我自己。我们都在生活中的每一刻不同的人际关系和工作中，学习着认识自己。

别人会给予我们反馈，无论是当面指教，还是非语言的好恶表现，例如眼神、表情、后续态度和行为表现，再搭配我们的自省。

对于自我能有清楚并且深刻地了解，你才能肯定目前拥有的能力和价值，而这一份肯定和踏实感，能进一步保护你渴望拥有，但目前还没有的部分，因为这可能是你的软肋，你可能因此惊慌失措。

换言之，你清楚地知道，你自己身上这些很棒的部分，你不是什么都没有，你更不是两手空空。

有了真实的自信，才不会轻易自我怀疑；有了坚实的自信，即使狂风暴雨袭来，受挫之后，再次修复和检视，假以时日，你还是能继续站高、站直。

2. 持续精进能力之余，也要回过头来“拥抱”自己，因为这才是完整的你

进步很好，提升能力当然也很棒，但也别忘了给自己适度的柔软。

累了的时候，你可以休息，你可以暂停，你不需要时时冲刺。

我相信自信是圆融，而不是锐利的，它是用来协助你，无论是正处在高峰，还是处于低谷，同时也能跨越人生当中许多无谓的输赢。

不请自来的建议，多半会破坏关系

约束心志，才能好好相处。

改善关系，闭嘴是第一步。

不该说的话，说了多少呢？想必有很多。

不该给的建议，也提了很多，因为优越感作祟，不自觉，也不自控。

◎ 好为人师，就是警讯

我们都有感于成长过程中父母和长辈们“我是为你好”的杀伤力。然而在亲子关系、伴侣关系、朋友关系、同学和同侪关系里，也有许多好为人师者，喜欢给人提醒、提忠告、提建议，有不少也是“为你好”的变形。

◎ 不请自来的忠告和建议，多半会破坏关系

这些“好为人师”的人，无论亲疏远近，他们总喜欢对别人的生活发表意见，对别人的表现和想法，给予反馈和指点。

他们觉得自己很好心，觉得自己有责任，觉得此话不说，更待何时。

偏偏这样的行为非常招人怨，相当惹人生厌。为什么呢？因为说白了，就是看扁了别人。

他们的内在有着自以为是，说白了就是“我比你懂”“我比你成熟”“我吃的盐比你吃过的米多”，所以我有资格对你说些什么，教会你什么。

很多时候，被建议的人基于礼貌，碍于场面和关系，不便多说什么，但其实心底多半不舒适，甚至是不高兴，因为没有人喜欢被贬低，被视为没能力。

更甚者，好为人师者对你而言，毫无说服力和公信力。你若需要意见和指导，你心中自有尊敬的老师，早有渴望请教的名单。而主动给建议、好为人师的人，在你心中，说穿了只是路人乙，提的建议在你心中不具参考价值，还亲自上门来踢馆。

不请自来的好意，不请自来的忠告、建议和提醒，给人的感受不是来刷存在感，就是来找碴儿。自己跑来发表高见，自说自话，还怕你没有发现，特地点到你去回应他，真是笑掉了大牙。

“你对时事的敏感度很低呀！怎么会写出这样的文案！别

人的写法，你看看。”

“你用的香水该换换了！气味很呛鼻，感觉有些俗气啊！这牌子，给你参考。”

留言的最后，都标注了你，还有你的名字。

◎ 那些爱给建议和忠告的人，还时常说“自己其实不愿意”

“我在教我侄子啦！如果不是他叔叔，我才不会说这些。要不要听，要不要改，随便他啦。”

这其实很矛盾。没有人拜托他们教，也没有人表示很想听。他们却主动给出建议，觉得自己很用心，不仅费心，也很费力。

我们可以试着想想，这些人是不是在日常生活中，很少有人听他讲，很少有人让他教，他没有舞台可以发挥并获得关注？他们需要从这些行为中，被人关注、被人肯定、被人感激，进而证明和获得自我价值感。然而，他们的期待与结果，却是事与愿违。

如果提的建议这么有用，那么大多数的人生都会很顺利，大多数的关系都能相安无事。

以为是建议，给予前不曾体察的心眼，其实多半是我高你低的表现。

以为是玩笑，出口前不经琢磨的字眼，其实多半是自我中心的彰显。

而这些，都是在磨损人与人之间的关系，也都在透支现有的幸福。

◎ 关系里的质感，来自平等对待，以及相互尊重

不是犯了大错，关系才会结束，更常见的是，大错不犯，但小错不断。很多不该说的话，都是自以为明智，但其实是贬损他人的提醒和建议。

尊重，就是你相信也肯定，你拥有思考和正确判断的能力。

那么，什么时候才是关心对方，提建议的好时机呢？除非对方主动请教，需要你的想法和建议，那才是“相对”的好时机。

然而，这也只是“相对”，你还必须突破你心底的防卫和其他心理机制的考验。

▸临床心理师的处方笺

1. 沉默不只是金，在人际关系里，适时和适度沉默，更是钻石

管住嘴巴，闭紧双唇，对不少人而言，是一门大学问。所以，才会有“祸从口出”四个字。因为，轻则惹人不悦，重则惹祸上身。

我们不妨扪心自问，不向对方提建议，会有什么立即的危害，或者不可逆的损失和伤害吗？答案是：“没有。”

事情多半并不急迫，并不需要我们鸡婆；事情往往并不严重，并不需要我们指挥什么。

适时和适度沉默，不仅给人尊重，更是给人空间。让对方有缓冲的时间，静下心好好沉淀，思考自身状态，回顾行为表现，也维护了他的尊严。

2. 引导他看见自己还有更多的选择，以及若是需要改变时，他内在早有的潜能

做心理咨询时，不时有来访者“主动”问我，希望我能给他们建议。

然而，根据多年心理咨询工作的经验，我发现，即使是主动寻求建议的人，当他的内在状态还没有经过梳理，也许是思绪一团乱，或者是情绪高涨，淹没了所有的理智时，他所渴望的建议，其实是有人

认同他的意见，有人赞同他的判断，有人背书他们心中目前的答案。一旦你的思考与他们不一致时，就会触碰到防卫与抵抗。

必须等到他们软化防备、情绪平稳时，才能够听得进去，也就是“理解、接收以及整合所有的信息”。

我们能帮助的，不是指出一条路，说这个对，说那个不对，而是带着他看见还有更多的可能，而所有的可能，就是“选择”。

同时，如果需要改变，也想要改变，那么人人内在都蕴藏着潜能， 人人都拥有改变困境的能力，并不像自己原本以为的那样无能为力，所以无须弃械投降，画地自限。

我们都不想在相同的地方跌倒。可往往要摔一百次，才看到自己一再重复；还要重复到足够痛楚，才愿意学着自我约束。约束自己的嘴，管好自己的行为。

但愿我们在过去的经历中学习了，也在过去的关系中成长了。

约束心志，才能好好相处；好好相处，才有关系里的幸福。

为什么你一直无法离开糟糕的对象？

如何掌握爱情里的主动权

“我谈恋爱再也不能掏心掏肺了……”

如何远离亲密关系中的“语言伤害”

告别恶性循环：那些伤，怎样才能放下？

第五章

爱情里的人际剥削

不断退让，对方不会感激，只会吞噬我们的自尊

为什么你一直无法离开糟糕的对象？

为何关系中，吃亏的总是我？

“锚定效应”无所不在，请务必清醒地活着。

“你还记得那位学姐吗？短发及肩，总是背着猫咪帆布袋来上课，长相秀气、可爱的那一位？”

我们相约在松江路上的咖啡店。

毕业后多年不见的我们，聊起彼此近况，还有共同朋友的现况。

“记得啊！她人很好，虽然不是很熟，只有在选修课才会遇到，但我记得她很照顾学弟学妹，会大方地把笔记借给我们这种玩社团玩到凌晨、白天接着上课的学弟学妹呢！”

想起了亲切的学姐，我的嘴角不自觉地漾起了浅浅的微笑。

“她怎么了吗？”

突然被提起，感觉不太寻常。

“她与男朋友前阵子分手了，就是大学时期那一位，在一起快十年了呢。据说，他一直有动手打人的倾向。最夸张的一次，他把学姐拖进洗手间，把她的头整个儿压进盛满水的水槽里。”

同学一脸严肃，并且压低音量地说。

我听了当场瞠目结舌，无法将这样的画面与脑海中笑容可掬的学姐联系在一起。

也许是因为发生在相识的朋友身上，让我瞬间感到毛骨悚然，并且余悸犹存，接着升起一股深沉的悲伤，也带来更深层的省思。为什么？

为什么会形成一个难以逆转的长期负向循环？直到过了很久，我们各自毕业，并且进入职场多年，她才选择了分手，终止这样的关系呢？

这让我想起一个被广泛运用的心理学概念，锚定效应（Anchoring Effect）。锚定效应是认知偏差的一种类型，它在一九七三年，由丹尼尔・康纳曼（Daniel Kahneman）和阿摩司・特沃斯基（Amos N. Tversky）提出，意思是人们在进行判断时，常常过分看重夸张的、惊人的或难忘的信息，进而产生了偏离事实，甚至扭曲的认识。

一般人在进行判断时，容易受到最早取得的信息（也就是锚定点）的影响。简单来说，就是受第一印象或第一信息支配。

人们倾向于利用这种片段，但其实不完整的信息，快速做出决定，然后面对接下来的决定时，又会再以第一决定，也就是先前的决定作为基准点（也可以说是参照点），继续逐步修正。

一路发展下来，就会出现与最初的状况和客观事实有极大出入的情形。

以旁观者来看，这就是当局者迷。

◎ 一开始小输，后来输得一塌糊涂

举个例子，就像遇到恐怖情人一样。

怎么说呢？在交往过程中，两人浓情蜜意固然美好，但若遇到意见不合、濒临分手时，对方痛哭流涕、扬言要伤害自己，拜托你再给他一次机会。

你心软答应了，生活平静下来。夸张的行径或许暂时没有再出现，但是接下来，对方一下子情绪不稳、容易动怒，抑或有时对你异常冷淡、爱搭不理。

外人看来，你该离开了，但因为相较于先前戏剧化的行为，你会被锚定，然后会觉得“也还好吧”。

毕竟比起跳楼或割腕，他现在“只是”不理睬我，或者说话大声了点，这应该没事。还好，还好，不算严重。

然后，你掉以轻心。

在这个时候，其实你心中对于关系质量、伴侣互动的锚定点已经不知不觉地调整了，而且是“往下修正”。

也就是把对方先前的激烈行为作为参照点，而不是把两人感情融洽、和平相处的状态作为基准。

◎ 情场赢不了，职场亦然

在职场上也是这样，例如主管要你这阵子共体时艰，然后每天焚膏继晷加班到凌晨两点。在过了痛苦又漫长的八个月后，你总算能九点半下班，这对你来说，好像也没有这么变态（还是悲催）了。

但是，原本定的六点整才是下班时间，距离九点半相差了三个半小时。

等你回到温暖的家，追的剧都快放完了，然而此时相较于最初凌晨两点才能下班的惨状，你已不会觉得太过惨烈，因为心中的锚定点早已被调整和校准了，完全不知不觉。

◎ 心理调适机制里，那些复杂的样貌

人会通过各式各样看不见的心理运作方式，让自己适应外在环境，进而维持心中的一致性和稳定感。

就像离开舒适圈是不容易的，因为人类不喜欢改变，希望尽可能维持现状。维持现状的前提就是心中有一个锚定点，让你生活中大大小小的决策，都以此作为参考和比较的标准。

然而，当生活中有个突发状况、意外事件时，让锚定点发生改变，就会进而让你的决策模式和判断标准也在“不知不觉”中出现变化。

这些事情在生活中无处不在，不管是亲疏远近的各种人际关系，或是江湖走跳、职场生存，只要是牵涉判断和决策，锚定效应的作用都会存在。

▶ 临床心理师的处方笺

1. 保持觉察，秉持怀疑精神

人生在世，平静难得，我们无须分分秒秒活得战战兢兢，然而保持觉察，对于生活的细节，人际关系中的你来我往能秉持着好奇心，也是一番乐趣。

你可以这么想，既然任何事件或经历都会形成锚定点，进而产生作用、发挥影响，那么“怀疑的精神”则是能帮助你我防微杜渐，不会等到形势已成定局，要改变会相当费力（所以干脆直接放弃），甚至是大势已去时，才懊悔不已。

2. 若对你造成困扰，请形成“问题意识”

生活中不是每件事都会造成困扰的，但若是一开始就让你感到不舒服、不开心、麻烦，甚至相当反感，那么，请尽早形成“问题意识”。

这是什么意思呢？也就是不要轻易放过或持逃避心态，觉得船到桥头自然直，得过且过。

任何问题都是越早介入，成本越小；越早处理，效果越好。

我们不用当盲目的英雄，无须为反而反，也不是脑袋关机般地活着，遇到事情龟缩，只想息事宁人的狗熊。

我们对于自己的想法有适度信心，但也要保持觉知，怀疑自己的直觉和第一时间的判断。

敞开自己的心胸，尽量去接受新的信息（即便与现有的认知、价值观有冲突和相互违背），来扩充、协助自己进行决策的数据库，并且在综合各方面的信息以及配合环境的前提下，修正自己的判断，才不会让问题演变到最后，与最初的“锚”产生过大的偏差。

一如魏徵所说“兼听则明，偏信则暗”，正是相同的道理。

如何掌握爱情里的主动权

幽暗爱情里的那些委屈，关于那些让你爱不下去的人。

爱情里的自我剥削，我们“其实”都有能力离开。

“非要分手吗？”

她怯懦、小声地说了这一句。

“你觉得呢？”

我听着听着，内心感触良多，百感交集。

因为类似的故事不绝于耳，永远还有下一个；而她类似的问句，多半还有下一次。

“我跟他在一起已经一年多了，他对我不错，会发信息关心我，有心事也会跟我说。只是……只是从来没有明说，我们的关系到底是什么，从来没有带我去任何公开的聚会，或是他朋友在的场合。”

她继续说着，又像是在解释，但更像在对自己催眠。

“你直接问过他吗？”

我正色问道。

“嗯……稍微提过，其实算是暗示，但他从不正面回应，我也不知道怎么追问下去。或者，该不该追问下去。”

她脸色苦恼地回答我。

◎ 害怕失去，所以有话不敢说明；害怕孤单，所以投入了，就不想放弃

这些三十多岁的都市女子有着相同的惆怅、相同的喟叹。

她们都异口同声地说：“三十岁以后谈的恋爱，让人好失望。”因为无法确定关系，永远暧昧不明。

很多人困在这样的僵局里。解套的方法，也是唯一的方式，就是承认自己看走了眼，看清那些明摆在眼前的不合适。

你和他对于未来的想法有明显分歧，对于相处的方式，对于关系的定位和态度有着天壤之别。你想要大大方方、正大光明，他只想要偷偷摸摸、地下恋情。

还有，我们别忘了，时间才是最珍贵的成本。不放弃，这段感情就会继续腐蚀你的尊严和自信，还有一去不回头的光阴。

你知道吗？这段爱情不会可歌，只会可泣。

但为什么以前不会呢？学生时代的恋情，刚进入社会时的爱情，两个人在一起正大光明，手牵手，一起吃饭，一起看电影，有朋友聚会时，就带对方出席，也介绍给彼此的亲人和朋友。

哪有什么半夜才约会，凌晨才见面，又不是见不得光的吸血鬼，光天化日之下会被毁灭，还是消散成一阵烟雾或灰烬。

又或者，自以为是在上演刘邦与项羽之战？但是，既然没有明修栈道，那么，暗度陈仓又是为哪桩？

这些营养不良，也许有量却没有质的爱情，或者他只是没那么喜欢你，他只是更在乎他自己……

有时，我不免觉得，现代空虚、寂寞的人们，很多人有心理层面的议题。不过，这只是学术派的好听说法，而不好听的常见说法，就是心理有问题。

而用爱情陪着他们康复的你，请小心，不要寥落。

◎ 现代都市女子在爱情里的“自我剥削”

德国的米夏埃尔·纳斯特（Michael Nast）曾说，这是个无能维持关系，也就是爱无能的时代。然而在我看来，这是一个连建立关系都有困难、内在极度匮乏的时代。

我们普遍受到良好教育，物质丰足的程度远胜过父母以及祖辈，可是我们却在建立亲密关系上有着极大的困难，而有些人更是在同学、同侪和朋友等横向关系中，有着明显的疏离感。

内心最真实的想法，最幽微的情绪，不是无话可讲，而是无人可谈。

下班后回到家，只有电视机、平板电脑或手机，用追不完的连续剧，喂养着空洞、空虚、寂寞无边的灵魂。

又或者，没有很想回去的家，所以沉浸在酒精和一场又一场的聚会里。即使有想见面的人，但却不是能够全然放心依靠的人。因为他可能同时有着另外一段关系，又或者你始终无法确定他到底是不是单身，还是身份证“配偶栏”里，早有另外一个名字。

所以，还是算了吧！不要自讨没趣，不要自取其辱，不要开口问清楚彼此到底是什么关系，不要直接问对方，他的未来到底是有你，还是没有你。

曾几何时，你们的爱情变得如此轻盈？不是因为备受珍惜、自由自在而轻盈，而是因为营养失衡，头重而脚轻。

浮肿的脸庞，酸涩的眼眶，忐忑不安、怅然若失的心情，都是因为这些明明就爱着，却又让人爱不下去的人。

即使心中有人，但是寂寞仍旧如影随形；即使有了亲密关系，也有着遥远的距离。

以上就是这个时代，都市女子的共同心事。

爱情里的自我剥削，是我们“其实”有能力离开，无论是内在的心理能力，还是外在的经济能力。

以外在的经济能力来说，你并不需要仰赖对方的经济支援和协助，而论内在，是我们其实可以，但我们却以为再也找不到下一个能够让内心停泊的港湾。

▶临床心理师的处方笺

1. 不惧怕孤独——一个人也可以活得很好

成长都是违反人性的，爱情里的成长尤其是。关键在于，这段地下情，你要忍受到何时？你到底想要什么质量的爱情？你一次又一次地说服自己，等于一次又一次践踏爱情里的自尊、自信，以及限制了你在关系里的地位，挤压了你能够自由自在呼吸的空气。

成长从来都不是舒适的，也就是你必须冒着可能失去这个人、失去这段关系的心理准备，即使他是你目前唯一的心理依靠，即使你孤单、寂寞时，暂时也只有他能依靠。

所以当你开口问清楚，有极大的可能结果就是回到一个人，空虚、寂寞、孤单、一个人逛街、一个人吃饭、一个人看电影、看到蟑螂要自己鼓起勇气驱离、半夜生病只能自己叫救护车去急诊、有了任何突发状况或大小困难、需要找人诉苦或求助时，除了找亲朋好友解围，就只能靠自己了。

2. 关于未来的心理建设——别让下一个人等待太久

如果你确定彼此不适合，迟早会分手，那么，继续苟延残喘、藕断丝连，你就让下一个人等待太久了。

而且若你已彻底思考过，也确定选择分手，就别轻易回头。

分手后的分分合合，甚至是听起来不悦耳，并且充满讽刺意味的藕断丝连，这些剧情，我们听得太多了。

如果你渴望真诚的情感、踏实的关系，就应该放眼早已经在等着你的未来，而不是紧握着让你尊严重伤、自信重创的上一段关系。

3. 盘点你的失去——那些信任感、希望感和自我价值感

鉴于不被珍惜和尊重的关系，你也会逐渐失去对爱情、对人性、对关系的信任感，以及对未来人生蓝图的希望感，当然，还有被贬低的自我价值感。

你会想：“难道我就只值得这样被对待？难道我就应当被呼之即来，挥之即去？他想来就来，想走就走，我就只能空闺寂寞，望穿秋水，等候他的到来吗？”

那些啃蚀着你的难堪，那些让你说不出口的委屈，那些吞咽不下的百感交集，都是珍贵的提醒。

让我们不要一而再、再而三地陷入，以及沉溺在上不了岸的情海里，所以请务必尊重自己，因为你值得被珍惜，拥有优质的爱情。

“我谈恋爱再也不能掏心掏肺了……”

否认的背后，是不曾修复的伤口。

认清它，不再被防卫机制所左右。

“我觉得这样很好啊！人生得意须尽欢。从现在开始，我谈恋爱就是‘今朝有酒今朝醉’，我干吗要主动地掏心掏肺呢？常言道‘男人不坏，女人不爱’嘛！”

刚刚结束一段婚姻，身份证上“配偶栏”位恢复空白，重回单身的他，说得一副潇洒模样，让同桌的其他已婚男士羡慕得不得了。

这群爸爸或人夫，这厢没有坐多久，就要赶紧回家抱娃，当一个称职的奶爸，还有好老公，不像他可以流连酒吧，光明正大地和女人周旋，“羡慕”两字不足以形容，也让他的潇洒不羁，被捧得飘飘然。

然而，就我看来，这天梯他是上去了，但实际上的他，是想“下凡”，但又下不来。

就在其他人陆陆续续离席之后，他对我说起了当初怎么与前妻结束的经过。

果然是伤痕未愈。然而，面对一票哥们儿，实在不好意思，也不愿意暴露太多。

因为这个社会从来就不允许男人示弱，男人也不愿意成为其他男人心中的弱者或失败者，即便是称兄道弟多年的同性好友。

◎ 故作不在意、不当回事、赌气、说反话、唱反调……

让自己呈现出云淡风轻、潇洒不羁，借此来博取掌声、羡慕的眼神、吸引注意力或者是逃避关心。你觉得幼稚吗？其实这些情绪和行为反应，在人际关系中是相当常见的。

当你打开电视机，或者只是“偷听”隔壁桌交谈，你都可以嗅到防卫的气味，听见防卫的用词，这些都是“防卫机制”的“通俗版”，“接地气”的变形。

例如，常见的一种就是“否认”。我们无意识地拒绝承认会造成我们不愉快、紧张、焦虑、羞愤、恼怒等，并借此来保护自己。

为什么需要保护呢？因为心中的伤口还没有彻底修复和痊愈，那是一个依旧脆弱的自己，只是我们不愿意承认它，更不愿意清清楚楚地看清它。

防卫不是不可以，只是你会卡关“更久”。

防卫机制，人人有之，差别只在于方式不同，程度有异，还有我们打算抗拒多久，才愿意去面对和承认，并且卸除它。

防卫过久，浪费的就不只是自己的时间和生命，还会让同住在屋檐下，时常与之相处的家人或伴侣，动辄得咎，怎么相处都不对，甚至还会被卷入旋涡，让人好心没好报，真心换绝情。

即使身边换了人，一换再换，仍旧反复上演相同的关系问题，但当事人却把它推给宿命和运气，感慨流年不利。

◎ 赌气有着潜在的攻击性

防卫，就是“将问题搁置在一边”，表现出对抗或者逃避。它常见的一种表现是：赌气，让人无法就事论事。

因为赌气有着潜在的攻击性，堵住了别人善意沟通的勇气，削弱了别人相助的诚意，也因此让陈年问题持续卡关，在原地动弹不得。

防卫，也是一种以自我为中心的行为，放任自己沉溺在汪洋般的情绪里。

每个人的每一天，都有属于自己的待办事项、任务、生活考验和难题，有些人选择放大自己的难题，希望旁人能更关注自己，或者博取关心和同情。因为没有一个人不想被爱，没有一个人不想被了解，没有一个人不想被关心。

因此，当我们把自我的“重要性”放得过大，把自己的“需求满足”放在了首要位置，就会驱动防卫机制的另一种现象——我们会一直被满溢的情绪所左右，让解决问题的时日越来越遥远，与别人的关系也越来越疏离。

同时更现实的是，很遗憾，我们身边的人，无论是朋友或家人，不是每个人都有能力去剥除你的层层防卫，看见你受伤的痕迹，读取你渴望被了解的心。自然也不是每个人都有能耐去承接波涛汹涌的情绪（因为那很有可能会两败俱伤，淹没自己）。

所以我们必须务实，我们都听过“天助自助者”这句名言，如果我们必须靠自己，那么请扪心自问：“为了心中的伤痕，我们可以做些什么事呢？”

▸ 临床心理师的处方笺

1. 读取心思，辨析情绪，由你开始

在成长过程中，我们都有过类似的经验，被人占便宜或者欺负了，例如，同学抢了自己手中的冰棒，刚买的玩具被哥哥弄坏了，初恋对象劈腿了，外人乃至于家人给的回应，多半是“糊弄”……

是啊，真委屈。自己不被理解，更没有获得情绪支持和深刻同情，然后默默背负着伤口，继续往前进。

如果我们总是期待有人来理解我们，有人了解我们的欢欣与忧愁、快乐与伤悲，并且能适时、适度给予我们最想要的安慰。那么，我们就把一半的人生质量，交给别人来决定。

陪伴我们走过漫长一生的好朋友，第一个，也是最恒久的，不是别人，就是我们自己。

2. 主动打造生命中的新剧情

持续防卫的人，长年拥抱着旧伤口的人，从当年的孩子，到现在成为职场中坚，甚至到了花甲之年，仍重复说着过去的伤心，站在原地哭泣，即使那些伤害他、剥削他的人早已化为尘土，然而对他而言，一切都恍如昨日，依旧痛苦着，并且难过着。

怎么办？我建议去旅行。你腾出一段时间，独立而且完整地留给自己。

我们不时听到，朋友旅行回来，或者骑机车环岛，整个人焕然一新，气色好了许多。

充了电，获得满满能量。曾经的困顿人生能够再出发，一扫阴霾，拨云见日。

你可以安排一趟属于自己的旅行，让你自己受益。

你也可以安排不一样的生活体验，只要跟过去不一样，去认识新朋友，去大量阅读，尤其是你过去不曾涉足的领域。

开卷不只有益，而且成本又低。我们喜欢听故事，更喜欢说故事，诉说“属于自己”的故事。

当你的生命有了新剧情，你才能挥别过去，因为你有了更好的故事，可以分享，可以传递。

3. 找到“对的人”来理解你

人生需要良师益友，我们并不孤单。

良师就是明灯，益友平时就要深耕，再不然，也有专业的心理工作者，能够陪伴你“剥洋葱”，看见、认识、接纳，并且修复自己。

以上的建议，都是提供给你一个初步参考的架构。

你可以依照手边的资源，你更感兴趣的方式进一步调整，打造出更适合你的自我修复旅程。

如何远离婚姻中的“语言伤害”

真正的和谐，不是建立在隐忍中。

在互动模式里若出现剥削，即使再轻微，也不能等闲视之。

“真是朽木不可雕。教了你这么多次，你连这么简单的小事都做不好，你真是没用！你还是不是个男人？”

“井底之蛙！你就是没见过世面、没见识。我跟你之间，真是无话可说。”

以上的对话，让人多么熟悉。

不只是在电视剧里看过，更是在你我的日常生活中，频频上演。

那些来心理咨询室求助的咨询者，不论是已婚还是交往中的朋友，时常提及的、他们与亲密伴侣之间的对话，就不时出现这样的内容。

乍听之下是刁难，长期下来就是折磨。

为什么有些同事下班后不想回家，总是拖延着，或经常非必要性地自愿加班？

美国长年从事婚姻关系研究的约翰·葛特曼博士（John Gottman），曾经提出“婚姻末日四骑士”（Four Horsemen of the Apocalypse）的理念。这是用来预测负向婚姻状况的参考，包含了批评（criticism）、防卫（defensiveness）、鄙夷（contempt）、沉默不回应（stonewalling）。

当关系里出现这样的态度和行为，就会逐渐破坏关系的质量，所以也是用来预测婚姻关系是否能够幸福的指标。

虽然它主要应用在伴侣关系之中，但其实我们扪心自问，以上四种态度和行为，足以破坏任何关系，包括职场、朋友和亲子关系，绝对不只是婚姻关系。约翰·葛特曼博士后来新增了第五项参考：挑衅（belligerence）。

我们可以试着回想，当批评、防卫、鄙夷、沉默和挑衅，这五种态度和行为出现在我们的人际关系及互动中，会是怎样的情形，以及我们心里随之涌现的是怎样的感受。

画面可能是没有尽头的幽暗深渊，或像走在一条长廊里，没有任何光线，伸手不见五指。

你感觉似乎有蝙蝠飞过，刮过你的脸颊，你感觉到痛。接着不知道从哪里窜出来一群毒蜂，对着你的皮肤狠狠叮咬，感觉难受。

当一个人遇到不愉快、不客气的对待时，我们通常会先选择等待，以为它不会是常态；接着是压抑和忍耐，然后越发感觉痛苦不堪，最后是束手无策，无可奈何，万般无奈。

相处的每分每秒，仿佛草木皆兵，如坐针毡，你总是在倒数计时。

所以你会经常听到，有些同事下班后不想回家，总是拖延着，或非必要性的自愿加班，又或在外面跟朋友小酌几杯，相谈甚欢。美其名曰聚餐，但实质上却是逃难。

寻找各式各样的理由，有意识或无意识地远离另外一个人，而这个人，是最亲近，却也是最想远离的家人。

甚至有些时候，对方的前脚才刚踏出门，可能只是出门买包薯片，或者去理个头发，你的内心就响起了阵阵欢呼，顿时觉得轻松了许多。

就像是一只总算盼到猫咪出门的小老鼠，既可笑又可怜，既胆怯又卑微。

◎ 集体主义倾向：为了所谓的“和谐”，更助长人际剥削

在关系里，这样折磨、凌迟、错待另一个人是很常见的，

因为人往往都“不够”自觉。而且互动模式一旦建立，通常很难改变，更遑论逆转取胜。

即使往后只是想做微调，都不太容易，甚至是不可能的。

如果改变很容易，就不会有这么多人想要逃；如果负向行为这么容易调整，就不会有这么多人在不同地点、相同时间感到苦恼。

人类是惯性很强的动物，拥有为了演化和适应而存在的生理、心理机制。如果每天都在调整，每天都在改变，注意力的焦点就得时时变动，无法省力运作，也就会相当耗能。

加上我们社会的集体主义倾向，为了所谓的“和谐”，保守的态度和思维，人生差不多就行，多半得过且过，不敢尝试改变。

◎ 在互动模式里若出现剥削，即使再轻微，也不能等闲视之

然而真正的和谐，不是建立在压抑、隐忍和委屈的关系中。

在互动模式里若出现上述指标，即使再轻微，也不能等闲视之；即使只是第一次，也必须正视它，并且勇敢面对和处理。

我们时常以为，自己的体贴、退让和包容，会换来对方的感激、理解和改变。这或许是对的，但或许也不对。

因为调整互动态度、改变对待方式的决定权是在对方手里，而不是存在于我们自己的想象和期待中。更重要的是，人都是依照外在现实的反馈，进而调整自己的行为。

如果面对批评指责、冷嘲热讽、轻蔑漠视、频频挑衅时，你的反应是全盘接受、默不作声，或者看起来“还好”，不痛不痒，那么伴侣没有急迫性，没有必要，更不会有自我警觉去改变自己。

更进一步，对方既然不会因为这些破坏关系的态度及行为得到负向反馈，那么对方就应该不会勉强自己做出调整和改变，反而很可能变本加厉地继续下去。

这些态度和方式，让一个人（无论性别）在面对伴侣时所油然而生的恐惧，或重或轻，逐步地吞噬一个人的自尊和内在能量。

导致习得无助也好，出现身心症状也罢，如果关系（爱情、友情和亲情皆然）持续如此，只能如此，那地狱真是近在咫尺。

▶ 临床心理师的处方笺

1. 态度、行为，早期辨识

如果要你弄清楚批评、防卫、鄙夷、沉默和挑衅的定义，你是不是觉得很难？没关系，你只要记得四个字——“感受先行”。

良好的互动，友善的对待，中性的用词，并不会让你出现惧怕、胆怯、慌张等反应和负向情绪。如果你感觉不对劲，发觉不愉快，它就是一个指标和提醒。我们无须过度反应，但是可以适度检视和学习辨识。

在人际关系互动里，是不是有些态度和行为，包裹着批评、防卫、鄙夷、沉默和挑衅？它可能来自另一个人，但也很有可能，来自你自己。

任何学习和练习，除了可以用在人际关系中保护自己，也可以用来成熟和内化，修正自己，因为见贤思齐，见不贤内自省。

2. 从不知不觉，到后知后觉，进而先知先觉

试着将“觉知”带进生活，尤其是在人际关系中，而这需要持续练习，才会一步一步地往好的关系、正确的方向前进。

改变很难，是因为许多时候当我们想要改变时，问题已经病入膏肓，盘根错节，不知道从哪里下手。

即使知道问题在哪里，也是百废待举、旷日费时的浩大工程。所以早点觉察问题，那时对方的惯性尚未养成，问题也还小，对方破坏性的用词还不是口头禅和语助词，羞辱式的态度和行为更不是惯性，那时调整的难度就能相对减轻。

愿每个人在感情中，都能享受幸福无惧的自在；愿每个人在关系里，都能拥有免于恐惧的自由。

告别恶性循环：那些伤，怎样才能放下？

心理上的防卫，是为了害怕再度受伤。

修复你过去的伤，让它滋养出新生的能量。

“从现在开始，我只想管好我自己。其他的，我不想管。”

他刚刚说完与前妻之间的爱恨纠葛、恩怨情仇，然后喝了一口茶，叹了一口气。

“若再次遇到心仪的女生呢？总得好好对待人家吧？”我接着发问。

“恋爱当然还是要谈的，只是付出这么多干吗？体贴关心却被当作工具人，温馨接送就是舔狗。所以呀，我要保留多一点。”

他的语气愤愤不平。看来上一段感情仍是伤他颇深。

“你的保留，其实是害怕受伤，也就是心理防卫，这岂不是绕远路，让往后的关系更加辛苦？人家怎么跟你相处呢？仅仅是要软化和卸除你的防卫，这关就够人家受的了吧？”我认真地回答对方。

◎ 成长，是你的选择；不成长，是受苦的源头

很多自相矛盾的问句充斥在我们四周，甚至就是出于我们自己之口。

在心理咨询室，或者在与朋友的交谈中，我时常听到一样的问句，有时候更像是质问。

“不成长，也可以吧？”“不成熟，不行吗？”“慢慢成长，十年、二十年，又有什么关系呢？”如果你仔细聆听并拆解，里面的语气并非幼稚，更多的是“赌气”。

然而赌气的背后，就是他伤痕累累，尚未痊愈，逃避面对与承认的痕迹和证明。

他不是不懂成长，他只是故意反驳。

◎ 那些保留，是内心的伤痕还未结痂；那些防卫，是害怕再一次受伤

性格特质、行为和反应倾向、成长经历、社会文化和外在环境……共同交互作用，成了“你”这个人，而所有你遇到的人，遇到你的人，继续两相交互作用下，影响了彼此，以及所有人的人生。

抗拒成长的人，继续用着过往习惯的互动方式，带着防备，甚至仿佛化为刺猬，却自以为理性的状态进入关系，这只会让关系里的另外一个人，更费力去抽丝剥茧和调整应对。前提是他还得有足够的理解和觉知，以及充裕的耐性和毅力。

可想而知，最为常见的就是屡屡碰壁、互相折磨，并且万分挫败，然后就是再一次结束关系。

你的无意识搞砸了这段关系，你自己却觉得很委屈。

因为相互影响，因为交互作用，所以亲密关系的困难，还有家庭悲剧时常代代相传。很多影响虽然肉眼看不见，却是真切存在。

我们可以否认，也可以选择掩盖，更可以逃得远远的，当作一切与我无关。但是迟早要面对，总有一天会卡关。

◎ 为什么我们一再离开关系，一再进入关系，但永远都不合适？

孩子从小就看到这一幕：父母之间针锋相对、恶言相向，有人抡起拳头，有人拿起菜刀；或者又如最常见的相敬如宾、貌合神离，继续当一对假面夫妻。

父母说服自己："这是我们两人之间的事，没有影响到孩子。"

然而孩子从来不会告诉你，甚至孩子自己从来不知道，长大后的自己会带着过去的伤痕、成长中的所有记忆，因此难以进入亲密关系。他们认为，没有人会爱着不够完美的自己；一再磨损亲密关系，总是用着错误的方式来对待彼此。

说反话、让对方猜心；做错事，踩对方底线。最后，就是一再离开关系，一再进入关系，但永远都不合适。

他或她，是别人生命里错的人；而自己，则是苦于重播的悲剧，不曾认识，更没有厘清关系恶性循环的原因。

▶ 临床心理师的处方笺——

1. 辨识你心中的伤，别将所有的心力用于"对抗"

人生就是这样：我们喜欢挑喜欢的、轻松的事来做。那么，不喜欢的、困难的事呢？你就要扛着它一辈子，那些问题将会如影随形，一生跟随你。

持续对抗生命课题，持续否认过去的伤不要紧，你只是把成长的时间拉长，而在这段延长的时间里，就是一再上演相同的剧本，用早已验证过的无效的方式，考验彼此的挫折忍受力，消磨彼此的关系。

2. 修复你过去的伤，让它滋养出新生的能量

那些过去的伤，并不是用来摧毁你，更不是用来让你证明“不值得被爱”“人生就是如此”“每个家庭都一样”或“男人 / 女人没一个好东西”这些以讹传讹的偏见和迷思。

伤害确实带给我们情绪的惊涛骇浪，然而翻腾的情绪正是提醒我们，原来还有可以成长的地方。

其实还有很多重担没有放下，而这些都是让你的生命再次新生、蜕变的能量。

成长的氛围，人生的经历，形塑了我们的世界观、人生观和价值观，而在这三观之下，也包含了对于人的信任，对于关系的认识和理解，对于良好互动方式的判断和表现。

必须追求共好，没有独善其身，我们都生活在社会这个巨大的结构中，牵一发而动全身。

让自己成长，带动彼此改变，让好与好相乘，才会拥有你好、我

好、共好的关系和人生。

3. 关系可以相辅相成，也可以相害相碍

如果他还是不愿意成长，我们又该怎么办呢？是的，世界并不完美，即使你心存善念，世事也不会件件如你所愿。

那么，我们也不用继续瞎搅和，将自己的人生一起葬送。

当你日日三省吾身，认清了自己的生命课题需要修炼的部分；而且你也心有余裕，行有余力，可以选择成为别人人生路上的好友，甚至是同修，前提当然是他也愿意一起面对，共同奋斗，而不是你成了肉身菩萨，燃烧了自己，却也没有把对方照亮。

我们只有选择成熟，继续成长，才有能力去了解自己的内在，认识对方的状态。

当我们选择改变，持续改善，才有机会去扭转关系中的困境，创造共好的未来。

后记一

先经营好向内的关系，才能经营好向外的人际关系

你有没有发现，待在有些人的身边，就能感到如沐春风？听着这些人说话，无论是分享人生经历还是向他们请教，就觉得醍醐灌顶，茅塞顿开，却又不伤自尊心？

其实，这些人都有一些共通性，那就是他们持续修炼自己的心性，愿意深入探索、了解和处理自己的生命课题。

哪些脾性在人际关系里会是伤人的利刃、磨人的缺点？哪些特质则是能带给别人支持、鼓励，甚至引发不同的思考，对于人生问题能产生全新的洞察和见解，并继续把这些特质磨到发光，能够照亮别人？

他们都愿意持续学习，增加自己涵养的厚度、觉察的深度和知识的广度。简言之，持续了解和修炼自己，并且谦冲自牧。

我们时常花费很多时间，耗尽所有力气在处理与“别人”的关系，也就是向外的人际关系。然而，我们都忘却了最根本的核心，最初始的起点，其实是我们自己。

当我们不认识自己，从不理解自己的原生家庭、成长过程

中或大或小，任何经历都可能对我们的性格发展激起涟漪效应时，我们就时常在关系里碰壁，无论是与同学或同事，与亲密伴侣、父母、手足，还是自己孕育的孩子。

把过去的问题，带进未来的关系里；把不曾处理好的伤口和情绪，放在身边持续加温，随时可能引爆，燃烧和摧毁现在的人际关系。

◎ 谦冲自牧者，让人如沐春风，都想靠近；人际剥削者，让人苦不堪言，都想逃离

我们在跌倒中成长，我们是带着伤长大的。

那些伤口并不会随着岁月而消失，随着光阴淡去，而是深深渗入骨血，成为我们处世的风格，关系里的阴影，面对问题时的行为倾向和直觉反应。

有些人独处时，总是感到寂寞，所以时常流连各种网络平台，到处留言、发表意见、寻求慰藉。

然而与人实际相处时，却又轻易躁动，旁人的一句话、一个眼神或表情，就能刺激他不稳定的内心，玻璃心碎裂一地。

随时都要有人看顾，随时都要有人给他温暖。

而那些不自觉升起的心理防卫机制，可以是合理化自己前后矛盾的行为，也可以是反向作用，试图指责和掌控别人；或是否认自己真正的需求，并将内在状态投射给别人，让与他相处的人捉摸不透而百思不解，活在猜测、挫折和压力里，整日疲于奔命。

有些人则是及早发现所有困扰的根源，都是来自自己。

例如，他最初也是带刺的刺猬，她最早也是高原上的玫瑰，可是他们逐渐发现自己在不同的关系里，不断重复上演着相同的困局，无论是被人剥削，还是剥削别人。

于是，他们开始向内在探索，面对自己成长过程中的碎裂，发现曾经受伤的自己，仍是负伤的驼兽，伤口仍流淌着鲜血，只是自己选择看不见、听不见。

不过，虽然看不见、听不见，但痛觉仍旧存在，只是它被日复一日的外在事件、日常生活和网络刺激所覆盖。

表面上看起来没有大碍，可是一旦进入关系，却处处是地雷，颗颗都是未爆弹。

然而，若她开始学习成长，若他开始学习茁壮，那么，曾经受过的伤，不但没有摧毁他们，反而成了提醒他们的灯塔，不要重复相同的悲剧，不要在关系里剥削别人，也困住了自己。

他们成了最好的榜样。他们善待自己，也懂得善待别人，有着自信，却又谦和。

待在他们身边，就像沐浴在春天的阳光下，和煦温暖，却不刺眼、灼烫。

负伤前行，我们都有强韧的生命力；经营自己，就能带来关系更好的可能性。

经营好与自己的关系，自己的人生也会过得精彩又有趣。

在日常生活里，可以从人际关系以外的途径，挖掘新鲜和乐趣；在面对挫折时，可以通过人际关系以外的方式，疏通和排解情绪。因此，不会轻易对人发脾气，也不会用各种方式麻痹或伤害自己。

也许是成瘾行为，也许是持续逃离，或是在关系里做长期的逃兵。

▸ 临床心理师的处方笺

1. 成长需要典范，从模仿、学习开始

从小到大，从校园进入社会，从原生家庭到所有人际关系里，总会有些人让你敬仰不已。

把他当成你的参照，把她视为你的精神指标，他们就是我们能追

随、模仿、学习，甚至超越的对象。

你可以亲自请教，或者认真观察他们如何一步一步地练就了现在的自己，他们又做过哪些选择、取舍和努力。

他们的现在都是过去的累积。我们别被这些光芒震慑在原地，以为他们天生如此，不曾有过任何一丝一毫的努力。

他们如何挣脱原生家庭的束缚？他们如何面对社会眼光和外在要求的期许？他们如何将生命中的所有窒碍化为自我成长的养分？

这些都是引领我们前进时，最精确的指南针，最可靠的学习模板。

2. 自我设障，还是自验预言？取决在你

别低估你的潜能，也别轻视关系能够改变，关系还能更好的可能性。

没错，任何改变一开始都是屡败屡战，任何尝试一开始都是匍匐前进。在社会心理学中，广泛提到的自我设障（self-handicapping）和自验预言（self-fulfilling prophecy），都在左右你的命运。

自我设障，一种用来保护自我评价的心理机制。这是一种害怕自己努力后却失败，所以宁愿一开始就放弃努力，也因此招致失败的结局。

自验预言，则是自己实现了预言的内容。当然，这里所指的是正

向的改变。

你相信自己能够成长，期望人际关系能够朝好的方向发展、改善和变化，也就更能把好的改变实现，真正地兑现。

自我设障，就是本末倒置，亲手主导了关系的悲剧。而自验预言，就是自我勉励，亲自打造了关系变好的可能性。

认识自己，承认我们都有各自的匮乏；喜欢自己，看见我们都有各自的优势。丰富你的内在，提升你的情绪调适、挫折忍受度和抗压性。

学习与自己共处，才不会向外索求；学习用更好的方式丰富自己，才不会在关系里用剥削来满足优越感，用剥削来获得安全感。

懂得经营好自己的人，就懂得终止人际剥削，同时也不会用剥削别人、消磨关系来饮鸩止渴，换得暂时的情绪纾解。

经营好与自己的关系，良好的人际关系就会是水到渠成的附属品。

后记二

避免人际剥削，从检视“临终前的后悔清单”开始

关于“临终前最后悔的五件事”，你曾经想过吗？

我在做心理咨询时，时常会碰到“后悔”这个主题。归纳下来，不难发现，这些后悔清单多半与“人”有关，也是关系里的懊悔和遗憾。

例如，“很想修复父子关系，不要浪费时间赌气。”“真希望当初没对太太说这么伤人的话。”“我当初应该多给孩子鼓励，而不是只会指责和批评。”“如果能回到过去，我一定会好好珍惜学生时代的友谊，一直保持联系。”“如果我能早点成熟内敛，懂得圆融待人处事……”“真希望能亲口对你说‘对不起’。”“可惜我来不及见上他最后一面。”……

这些如果和希望，都回不到当时，变成了遗憾的旋律，在心底盘旋低回，哀伤不已。

邦妮·韦尔在《临终前最后悔的五件事》直接点出，“生命的变化源于死亡的代价”。

她在安宁缓和病房做了八年护理工作，所淬炼出的五项生

命哲学，分别是：

1. 希望有勇气过自己真正想要的生活。
2. 希望以前没有那么拼命工作。
3. 希望有足够的勇气来表达自己的感受。
4. 希望能够和朋友们保持联系。
5. 希望让自己成为快乐的人。

不只是肉体的死亡，还有心灵的死亡。死亡，也是重生的力量。

类似的讨论很多，无论是临终前最后悔的五件事，还是人生最后悔的二十件事。

我们都不喜欢后悔，也都不希望当人生走到尽头，回头检视一生却是“悔不当初”，以及许许多多的“来不及”。

然而，我不时看见能从逆境中成长、从绝望谷底重生的人们，都有着相同的心路历程，那就是他们的变化，都来自“深刻的死亡”。

无论是罹患绝症、发生事故、意外或者遭逢生命中重大打击，这些生理或心理上的濒死经验，都让他们后来的生命产生了巨大变化，如同死亡的代价。

你们“选择”去改变生活形态，舍弃旧有习惯，放下长年执着，然后活出另一种版本的人生，更丰富，更沉稳，更宏观，更精彩。

那么，就让我们一起来检视吧！我们会发现，有时自己会说着言不及义的话，在日常生活中，与人相处时，作为沉默间隙的填充。

可是我们说了一些什么呢？大概是一些自己觉得无关痛痒，别人却听了不舒服的话。

例如，在不该给建议的时候，自以为好心地给建议。不明白自己喜欢指导别人，其实是优越感作祟，让人感到矮了一截，觉得不舒服，甚至很伤人，而关系就是由此产生裂痕。

又或者，自以为幽默地开玩笑，逗弄别人，但是，该沉默的时候就保持沉默，对关系更好。

因为沉默容易使人焦虑，接着使人无意识地使用“不恰当”的话语，来抵消自己内在的焦虑，而这些运作，多数人都毫无所悉。

以上这些对于人际关系的破坏，都成了后悔清单的绝大部分。

说出口之前，鲜少仔细思考，反复推敲，常不自觉地伤害了别人，更不知道影响这么深。

如果是被伤害的人呢？在关系里是忍耐和委曲求全的角色呢？

那些痛苦，除了对于对方的愤恨，还有对于自己无能的愤怒。

因为我没有能力在关系里表达自己真正的感受，说出真正想说的话，也没有为自己进行争取。这是一种向内攻击的敌意，藏在心底更深处，所以更难以觉知。

除了感觉卑微之外，也可能将这些怒气，宣泄在更加弱势的人身上，或者转变成其他方式，例如成瘾行为。

很多受伤的人，后来都变成了伤害别人的人，而这些其实也伤害了自己。

我们读了很多书，希望能好好地过一生，在各种人情关系里圆满。不再重蹈覆辙，不要成为怨偶，貌合神离；不要成为只有言教没有身教的父母，与孩子关系日渐陌生疏离；更别像电视新闻或报纸杂志中报道的案例，前车之鉴却变成了自己的人生故事。

▶ 临床心理师的处方笺

1. 过犹不及，看清关系里的各种作用力

有些人不知不觉，有些人则是过度警觉。我们都很幸运，拜网络

发达和教育普及，能够接触到大量的新知识和信息，更有许多提醒，让我们能够警惕自己，不要复制悲剧。

然而有时候，过度努力也是一种无形的压力，尤其在关系里。

人际关系就像是化学变化，不同的人组合在一起，就有可能激荡出不同的火花和反应，而且这些火花和反应，也会作用到其他关系里。

例如，想成为温暖有爱又称职的父母，因此我们花了大量时间去学习育儿知识，但却疏忽了亲密关系的重要性，甚至不时因为教养意见不同而屡起争执，把孩子当成家庭里的第一，却让伴侣成了牺牲品。

我们都不希望有一好，没两好；我们想要的是亲子关系与亲密关系都很好。

别顾此失彼，它并非取舍的命题；我们可以做的，是学习把好的关系“类化”到所有的关系里。

2. 每一天的生活，都是提醒；每一刻，都是改变关系的契机

心情就是如人饮水，冷暖自知。关系里的质量，当然也是。

你觉得满意，还是委屈；你觉得温暖，还是冷冰冰，没有人比你自己更清楚了。所以在可以微调的时候，我们就应该面对、修正和调整，不要等到关系破裂、雪上加霜的等级，才觉得大势已去，欲

振乏力。

而这些来不及改变的关系，这些埋藏心底、刻在生命里的痛苦和遗憾，都成为临终前的后悔清单。

其实它一直都有改变的契机，就在你每一天的感受和生活里。

我时常思考，自己可能有的临终后悔清单，它用来帮助我持续检视和反思：哪些事情可以舍去，哪些价值需要重视，哪些关系现在就要珍惜，还有哪些人，我想跟你说对不起，或者是谢谢你，来到我的生命里。

不要在未来后悔莫及，让我们一起圆满今生的所有关系。

图书在版编目（CIP）数据

关系陷阱 / 洪培芸著 . — 杭州 : 浙江人民出版社，2021.3

ISBN 978-7-213-10004-8

Ⅰ . ①关… Ⅱ . ①洪… Ⅲ . ①人际关系学 – 通俗读物 Ⅳ . ① C912.11-49

中国版本图书馆 CIP 数据核字（2020）第 270708 号

浙江省版权局
著作权合同登记章
图字：11-2020-143 号

本著作物经北京阅享国际文化传媒有限公司代理，由宝瓶文化事业股份有限公司授权独家出版发行中文简体版。

关系陷阱

GUANXI XIANJING

洪培芸 著

出版发行 浙江人民出版社（杭州市体育场路 347 号 邮编 310006）
责任编辑 钱 丛
责任校对 姚建国
封面设计 面包树 _Olivia
印 刷 三河市冀华印务有限公司
开 本 880 毫米 × 1230 毫米 1/32
印 张 8
字 数 135 千字
版 次 2021 年 3 月第 1 版
印 次 2021 年 3 月第 1 次印刷
书 号 ISBN 978-7-213-10004-8
定 价 46.80 元

如发现图书质量问题，可联系调换。质量投诉电话：010-82069336